《台湾同胞抗日人物集·2》
编委会

丛 书 策 划:马　铁

丛 书 主 编:吴艺煤

丛书副主编:王连伟

主　　　编:刘佳雁

统 筹 编 辑:曹玮鸿

撰　　　稿:张　华

　　　　　　王鸿志

　　　　　　陈桂清

台海出版社

图书在版编目（ＣＩＰ）数据

台湾同胞抗日人物集.2 / 刘佳雁主编. 一北京：台海出版社，
2014.7
（台湾同胞抗日丛书）
ISBN 978-7-5168-0166-6

Ⅰ．①台… Ⅱ．①刘… Ⅲ．①抗日战争－历史人物－生平
事迹－台湾省 Ⅳ.①K820.858

中国版本图书馆 CIP 数据核字(2015)第 200558 号

台湾同胞抗日人物集-2　　　　　　　　台湾同胞抗日丛书
主　　编：刘佳雁

丛 书 策 划：马　铁　　　　　　　丛书主编：吴艺煤
丛书副主编：王连伟　　　　　　　本书统筹：曹玮鸿
责 任 编 辑：姜　航　　　　　　　装帧设计：天下书装
版 式 设 计：唐嫣荣　　　　　　　责任印制：蔡　旭

出版发行：台海出版社
地　　址：北京市朝阳区劲松南路 1 号　　邮政编码：　100021
电　　话：010－64041652（发行，邮购）
传　　真：010－84045799（总编室）
网　　址：www.taimeng.org.cn/thcbs/default.htm
E-mail：thcbs@126.com

经　　销：全国各地新华书店
印　　刷：三河市航远印刷有限公司
本书如有破损、缺页、装订错误，请与本社联系调换

开　　本：720×1020　1/16
字　　数：116 千字　　　　　　　　印　　张：9.25
版　　次：2015 年 9 月第 1 版　　　印　　次：2015 年 9 月第 1 次印刷
书　　号：978-7-5168-0166-6

定　　价：22.00 元

序

  抗日战争的伟大胜利是中华民族走向复兴的历史转折点，为中国共产党带领中国人民实现彻底的民族独立和人民解放奠定了重要基础。从 1937 年日本发动全面侵华战争，到 1945 年日本政府宣布无条件投降，八年时间内，面对日本军国主义的野蛮侵略，不愿做奴隶的中国人民同仇敌忾，奋起抵抗，同日本侵略者进行了气壮山河的英勇斗争。在空前惨烈的抗战岁月中，台湾同胞始终与祖国同呼吸，共命运，以各种方式参加和支援祖国的抗战，作出了不可磨灭的贡献。

  《台湾同胞抗日丛书》包括《台湾同胞抗日人物集》、《台湾同胞抗日团体》、《台湾共产党抗日史实》和《台湾光复》（画卷），将于台湾光复 70 周年前夕，陆续与读者见面。这套丛书从不同角度展示"祖国的抗日战争，台湾同胞没有缺席"的历史事实，反映台湾同胞反抗外来侵略的不屈精神，他们之中有杰出的台湾女性革命家谢雪红，从黄埔军校走出来的台籍抗日将士李友邦，智取《田中奏折》的蔡智堪，为第二次国共合作而勤勉工作的谢南光，支持日本战俘反战运动的康大川，用文字或电影作为抗战武器的李纯青、何非光，为筹划收复台湾做出重要贡献的刘启光、连震东、谢东闵、黄朝琴等。在祖国大陆的台湾同胞自发成立广东台湾革命青年团、上海台湾青年读书会、台湾义勇队、台湾革命同盟会等爱国组织，积极投身于抗日复台的活动。

台湾共产党在岛内领导台湾同胞开展抗日运动，以台湾从日本殖民统治下获得解放，回到祖国怀抱为革命理想。丛书以台湾同胞反抗日本殖民统治、投身于祖国抗日战争，祖国大陆同胞支持和援助台湾同胞的抗日斗争为主题，透过海峡两岸同胞共御外侮的抗日历史，彰显台湾和祖国大陆不可分割的血脉联系。丛书的作者和编者，是从事台湾抗日历史研究的专家或学者。书中许多史料是第一次对外披露，具有较高的史学价值。

在这场波澜壮阔的全民族抗战中，台湾同胞用可歌可泣的实际行动续写了爱国爱乡的光荣传统，书就了民族精神的壮丽篇章。今天，当两岸同胞共同为实现两岸关系和平发展、为实现中华民族伟大复兴而奋斗的时候，我们再一次回顾、记取台湾同胞为台湾光复和祖国统一而竭心尽力的这一段历史，显得尤为珍贵，更加具有现实意义。

全国政协副主席
台盟中央主席　林文漪

目　录

丘念台　心系祖国、奔走两岸的台胞

丘念台（1894－1967 年），初名伯琮、国琮，别号"念台"，台湾台中人，祖籍广东。先世于清嘉庆年间由粤迁台，世序为古梅州石窟都大坑头丘氏始祖二十二世。1913 年赴日留学，1925 年学成归国后历任广东大学、广东省立工业专门学校教授，沈阳兵工厂技师，辽宁西安煤矿公司采矿主任，广东省政府顾问兼广东省立工业专门学校校长。1931 年"九·一八"事变后，他支持东北义勇军抗日，并筹款北上慰劳。1935 年应邀任中心大学教授。1943 年，任国民党台湾直属党部执行委员。1945 年，任监察院监察委员兼国民党台湾省党部委员。1947 年任台湾省政府民政厅厅长，旋任国民党台湾省党部主任委员，后任监察委员、逢甲工商学院董事。1949 年后任"总统府资政"及国民党中常委、中央评议委员等职。1967 年 1 月 12 日病逝于日本东京，终年 74 岁。著有自传《岭海微飘》。

丘念台

丘念台为台湾抗日爱国先贤丘逢甲之子。"台湾民主国"失败后，丘逢甲携子伯琮返回大陆并落户于嘉应州镇平县（现改梅州市蕉岭县），榜其居曰"念台山馆"，以示不忘光复台湾，并时常教导伯琮"勿忘台湾、勿忘复台、复土归宗"，即使临终前仍留遗嘱："葬须南向，吾不忘念台湾也！"伯琮的名字由此改为"念台"，有"继承父志，完成复台宏愿"之意。在留日期间，组织"东宁学会"，培养台籍青年抗日爱国情怀；归国后在大陆投身于轰轰烈烈的抗日救亡运动，曾先后举办华侨补习班宣传爱国思想，支援东北抗日义勇军，从事侦查日谍工作，筹组"东区服务队"宣传抗日救亡思想……始终将"振兴祖国、收复台湾、重建故土"作为奋斗目标，展现了高尚的爱国、爱台情怀。

从大陆到日本：苦寻救国之道

丘念台天资聪颖，5 岁时，父母就教他学习诗文，培养其民族思想和爱国情怀，13 岁时入镇平县立中学，由于当时革命思潮到处涌荡，次年丘念台就在教师丘君实（光汉）的介绍下，瞒着家人加入中国同盟会。这是对他之后人生影响最大的一个举动。加入同盟会激发了丘念台的爱国思想，之后，丘立志献身革命事业，以担起救国救民的责任。

中学毕业时，即辛亥革命那年（1911 年），黄花岗七十二烈士英勇就义的壮烈行动，掀起汹涌澎湃的革命热潮，也让热血青年丘念台认为报国时机已至，于是偷偷做出了参加革命的决定，但徒步 30 里路后被家人带回，紧接着又患疟疾，加之父亲在家为祖父守丧，丘念台只好乖乖待在家中。第二年 2 月（丘念台当时 18 岁），丘逢甲病逝，丘念台守制尽孝。守完百日父丧后，丘念台在暑假结束后考取上海大同学院。半年后，任广东军法处处长的四叔丘瑞甲催促他赶快回广州参加公费留学考试。对于留美抑或留日，丘念台忖度再三，最后选择了留日。因为四叔鼓励他以夷制夷，父亲生前也主张效法日本维新运动，以期担当国家新建设。19 岁的丘念台于 1913 年 2 月搭船到东京，进入投考日本士官学校的预备学校——私立成城中学。但因袁世凯怕中国留日学生进入武校后，日后会成为反对他的革命力量，因此禁止中国留学生投考日本士官学校，丘念台无奈之下只有转投考有政府官费的学校。1914 年考取东京第一高等学校预科，成为一名官费留学生，一年后以优异成绩被选派至日本国立第四高等学校。由于时值祖国大陆军阀割据混战，出于为台湾前途着想，丘念台第一志愿想入陆军学校，第二志愿则学造船，但二者皆未能如愿。在此期间，为了集中精力读书，丘念台很少和居住在东京的台湾同胞来往。丘念台于 1919 年期满毕业后继续留在日本，入东京帝国大学理学部物理科，次年转读工学部采矿科，从事各种矿物研究，一学又是 4 年，毕业时已至 1923 年。中国留学生在日本有很多团体组织，但大陆和台湾的团体联系极少，1919 年至 1920 年，丘念台进东京帝国大学不久，就开始计划组织台湾留学生的活动，目的在于使台籍青年和大陆加强联系，进而培养台籍青年的爱国情操。

当时，丘念台不懂闽南语，因此他第一步的联络对象是客家台湾青年，其次才是闽南籍青年。最初联络的人，包括郑昌英、陈尚文、翁瑞国、郑松筠、萧秀利等，在台湾为人所熟知。后来依此为基础成立"东宁学会"。由于台湾在明末郑成功时期曾被称为"东宁"，所以借用"东宁"暗指台湾。这个学会以联络感情和学术研究为主要目标，包括指导台籍学生阅读祖国读本，学习国语，鼓励他们来大陆工作，以及分析祖国局势和革命发展趋势等。其最大目标在于通过潜移默化的方式使"东宁学会"的成员心向祖国，努力光复台湾。这在当时是不能明说的，否则会被日本当局拘捕。尽管最终没有实现光复台湾的目标，但丘念台在这个学会中认识了主张以武力光复台湾的台籍学生黄国书、林呈禄、蔡惠如、杨肇嘉、罗万俥、黄朝琴、蔡培火、谢春木、邱德金、谢新涛、郑松筠、蒋渭水、吴三连等志士。其中丘念台还与黄国书结拜为兄弟，同宣誓：务驱倭复台，不得有渝。1937年日本发动卢沟桥事变时，这些台籍同胞先后回到祖国大陆，参加了轰轰烈烈的抗日战争。另外，丘念台在东京读书时代还曾两次归国参加爱国运动，一次是反对1915年袁世凯与日本签订"二十一条"的卖国条约，一次是反对1918年段祺瑞与日本签订"中日军事密约"。

从日本回大陆：台湾青年投身抗日活动的引路人

丘念台在日本求学，一直读到博士班，他的论文"高州油矿研究报告"与"韩江流域的地质矿产研究"都没交给东京帝国大学。他宁愿放弃博士学位，也不肯上缴自己的研究心得，因为他早已洞悉日本军国主义会侵略中国，当然不能将自己的智慧奉送给敌人，更不能将自己乡梓（按：高州与韩江在粤境）的矿源告诉外国人。

培养台籍青年抗日情怀

1925年，丘念台放弃学位，结束在日本的研究工作，遵守官费生返国规定归国，先后在广东大学、广东省立工业专门学校教书。8月初，因广东局势动荡不安，难用所学，就转到东三省兵工厂（即沈阳兵工厂）任副技师、技师，负责检查新购机械及新制枪炮弹，并借此观察东北矿藏实况。但历时半载，囿于工作环境，丘念台仍旧很难发挥其矿务专长，反而还发现兵工厂等东北各方面加紧生产建设，是在为张作霖争权夺利铺垫和积累本钱，对此丘曾发表意见说："东三省兵工厂制造的枪械，用来打外国侵略者，我举双手赞成；如果用来打中国人，我总觉得是件亏心事！"因此，在完成抚顺县石门寨煤产调查工作计划书后丘就告假回粤，并函请辞职。两个月之后，他又接到兵工厂负责人杨督办的来信，促其务必回厂工作，并答应他可以专办开矿工作，丘念台欣然前往。当时，杨督办对他说："我知道你是个有真才实学的人，但是我没有多大职权，现在你在厂内挂个名，但实际从事采矿事务，为了要排除日本人的势力，希望你努力从事工作"，但是"你们广东人喜欢谈政治，你只要专心开矿，不要谈政治，光谈政治而不讲建设，增加纷争；产业建设好了政治自然会好，我们东三省就朝这条路上走"。排除日本人在华的势力，是丘念台一生追求奋斗的目标，因此，对杨督办诚恳坦白的话，丘念台很感动，在东北两年工作虽然辛苦但很快乐，并先后勘定了辽宁正北西安县煤矿，修筑奉海铁路，成立西安煤矿公司，任采矿主任。

1928 年夏，丘念台辞职返回广东，筹划基金，自办煤矿，嗣经两广政治分会聘为建设委员，曾条陈"开发两广矿业计划"，次年受聘广东省政府顾问，1930 年兼任广东省立工业专门学校校长，并于校内附设华侨补习班，专收台湾学生。丘念台花了很多精力培养这些学生，帮助他们接受新的思想，鼓励他们研习各类知识，接受祖国文化的熏陶与洗礼，让他们了解台籍青年对光复台湾应有的责任，以及作为一名中国国民应有的爱国思想。华侨补习班引起了日本驻广州的领事须磨弥吉的怀疑，就以所谓补习班有台籍共产党分子为由，要求停办。丘念台以校长身份和他在日本东京的关系，借流利的日语和须磨弥吉谈判，最终打消日方疑虑，补习班又坚持了一段时日。受训青年日后多数都成为光复台湾的中坚力量。

广东政府及工业学校主管害怕日本人再来找麻烦，故希望丘念台停办补习班。丘念台因此辞职并准备自办华侨学校。1931 年，丘念台为筹办学校赴台筹款，得到台湾亲戚朋友的赞助，并打算到广东办理华侨学校，不想广东政局又发生了突变，华侨学校办不成，只好经香港赴日再作计划。6月，应十九路军总司令陈铭枢电召回国，于上海协办该军后方文电工作。同年，"九·一八"事变发生，举国激昂。丘念台的思想发生了极大转变。因为台湾未曾光复，东北又告失陷，日军随时迫近，准备发动全面攻势吞噬中国。

支援抗日义勇军

局势至此，丘念台认为，当时已经不是他继续追求专业应用效力祖国的时候，而应该从事救国工作。那个时候，上海的抗日运动比任何其他地区都更为激烈，丘念台愤怒而奔放的爱国行动如脱缰野马，积极而热情地展开了支援抗日义勇军的活动。丘念台尤其和上海学术界名流在意志与兴趣上颇为投合，于是他们从两方面进行合作：一是在言论上，呼吁各党派捐弃私见，停止纷争，集中力量对抗日军；二是在行动上，发动广东、上海、天津等各抗日团体捐款援助东北义勇军。丘念台还联合上海和广东两地的财力、物力支援抗日。在丘念台的登高呼吁下，许多民众捐输财物，数名义勇敢死者愿随丘念台出关。丘念台的妻子也把嫁妆等财物典当掉，筹措费用，助丈夫成行。1931年12月，丘念台慰劳团到东北慰劳义勇军，分赴兴城、凌南、绥中各地驻防部队。驻扎在这些区域的部队都躲在密林里，根本没有成为正规抗日部队，处境非常艰难，全凭战士个人意志抗日，一旦得到后方各界给予精神上的支持，即起到巨大的鼓励作用。因此，这些义勇军一看到后方援军到来，非常兴奋并热烈欢迎。虽然丘念台所带去的物质上的捐助非常有限，但是却给这些义勇军们精神上莫大的鼓舞。丘念台慰劳团一行返经山海关时，正值上海"一·二八"战事爆发，因十九路军英勇抵抗，重创日军，丘念台乘机就地宣导，向东北军第二十三师师长何柱国致意，劝其所属部队袭击锦州及秦皇岛日军，但何持观望态度，未采取行动。

自 1931 年"九·一八"事变以后，丘念台以私人身份，从事支援及慰劳义勇军的工作。他奔走于关内外，两度出山海关，三度出塞外，行踪遍及广东、河北、福建、江苏、辽宁、热河和察哈尔等省，到与敌人激战最烈的游击区，协助义勇军作战，在精神、物质上给予支持，直到 1933 年塘沽协议签订后才回到广州。

从事侦查日谍工作

由于丘念台积极从事抗日工作，以广州、上海、天津、北平为其活动基地，最终引起日本使馆注意，将其列为"抗日激烈分子"，追踪监视，时加威胁，甚至策划谋杀。为保护自身安全，丘念台也运用台籍关系从事侦查对方的行动，意外发现日本间谍早已潜伏在广东各地，丘立即向广东驻军总司令陈济棠、广州公安局长何荦提出清除广东日谍计划以及进行反间工作。此时，丘念台的工作性质发生了微妙的变化，即以一名调查工作人员的身份协助广东当局从事侦查日谍的任务，长达四五年之久。

在此期间，日方多次想置丘念台于死地，如企图借丘念台参加喜宴之机当场将其炸死，借丘饮茶之机劫持其助手，等等，但丘念台为了报国仇家恨，毫不畏惧地与敌人展开斗争。

日本人在发动全面侵华战争前就已在中国南部雇用台湾人从事间谍工作，在北部则用朝鲜人。工作之初，丘念台很快认识了一位日本领事的司机，因其是台湾同乡，丘念台就以爱国思想启发这位司机，使他觉悟到在中日战争中台湾人应该站在祖国这边。那个司机介绍日方雇用的间谍总头目林医生与丘相识，丘也同样用爱国精神诚恳地感动、争取了林医生。林不断透露一些情报给丘，最后干脆把广东谍报组织的总名单也给丘念台抄录了一份，丘念台与广州警察总局和粤军有关系，这份名单很快也转到公安部门和军队。但广东的军政负责人担心如果逮捕那些间谍，会激起日本人闹事，只对已打入机要部门的间谍加以清除，名单中的其他可疑人士仅加以监视。日本人对此有所察觉，便找来林医生询问。丘念台迅速让其携家人带上自己的亲笔介绍信到丘家蕉岭县文福乡暂避风头。丘念台的叔叔丘瑞甲据信知道来者是对国家有过重大贡献但正受日军追杀的原敌方情报人员，认为既是爱国同乡前来避难，招待他义不容辞。于是提供房子（包括厨房、浴室）、粮食，还腾出一块菜地给他们种菜，让他们安顿下来；并嘱咐家人对林先生借宿之事严格保密，直到中日战争正式爆发。抗战八年，林一直在汕头附近华振中的独立第九旅任上校军医，其家属也一直居住在丘家。

除以乡情和国家民族观念打动、说服这些为日本人服务的台籍同胞，丘念台还策动他们做反间工作。丘选择广州各大中学校忠贞爱国的教员，去与日方所用的台湾人士取得联系，因此争取到不少心怀祖国的台湾人，及许多有价值的情报。除利用中国人做间谍外，日本还将久居广东和香港的日本人伪装成中国人，从事间谍工作。丘念台发现后立即报告陈济棠，但陈怕得罪日本人而不敢有所行动。对此，丘念台甚为不满，于1934年8月暂离谍报工作，先到上海想寻一份教书的工作，没想到日本人用双面谍报人员向国民党政府密告丘念台意图叛乱，破坏中日邦交等罪名致使丘念台受通缉。丘不得不隐居蕉岭故乡，半年后，国民党政府才查明真相，还其清白。1935年3月，丘念台应聘至广州中山大学任教，日本人又采用赠予港币20万、东京帝国大学授予工学博士学位等种种利诱方式，促其停止抗日防谍行动，但丘均严词拒绝，仍然一面教书，一面协助校方培养学生爱国情操，另外还继续从事破除日谍的工作。

组织"东区服务队"宣传抗日

1937 年，卢沟桥事变发生，抗日战争全面爆发。同年 9、10 月间，中山大学开始疏迁，丘念台以教授身份访问驻防潮汕军部各级将领，鼓励抗日。次年 2 月间，为达到早日克敌制胜的目的，丘念台不辞险阻，由广州出发，跋涉大后方，先后赴西北、西南等地考察访问组训工作，后经海防、香港返抵广州，历经 7 个月的时间，所获资料心得皆随手录存。其间艰苦备尝，但见识增进，心胸随之开阔，自认为这是他一生最难忘而最有意义的历程，也更坚信拥有西南这许多省份天然的险地作为抗战后方基地，日军将无法进入，抗战一定胜利，并以此信念转告所接触的民众，鼓励国民一定抗战到底。在此期间，丘念台在叶剑英的介绍下，在延安进行了为期 3 个月的认真考察和学习。在这一考察过程中，他学习了号召民众打游击战的战略战术，对抗日战争的战略方针、统一战线问题，在发动民众过程中如何开展教育、文化和军事训练各项工作等问题进行了认真思考和研究；还就这些问题向中共中央提出了善意、中肯的建议，尤其是对瓦解敌军思想和检查接待国统区来的外来人士方面应注意的问题等，都向中共中央提出建言。有一次，他和毛泽东在散步后写出了《考察建言》书稿和《我别延安》诗一首递交给中共中央，以其饱蘸民族深情的笔锋写道：

别了啊！延安！

延安啊！延安！你的岁月几千年？

延河水流在宝塔前！

小米窑洞还依然。

但是精神今变了，

纯是天真烂漫，忠诚勇敢的青年。

我和你相处了两个月，

知道你救世的心虔，知道你抗日的心坚，

把我十多年的疲倦化作了云烟。

沙漠中得到水草，暗室中得了明灯。

啊！延安！今要同你别了，哪能不令我一步三回头，一顾三留恋！

只是鬼子的飞机大炮，

已轰遍了国土的四边，

鬼子的奸掠焚杀，

已伤尽了民族的威权。

若不南下负起重责，

哪算尽了人生的本能？

哪算对得起我的良朋？

别了啊！延安！

等扫除了腥膻，恢复了幅员。

再到黄陵边，携手话缠绵。

从中可以看出，丘念台对延安和共产党的好感以及其对国共合作抗日、反对中国人打中国人的主张。

1938年10月，广州弃守前夕，国民党第四路军（后改称第十二集团军）联络官突然约见丘念台，并传达余汉谋总司令命令，因丘念台曾研究组训民众及游击战术，故要其担任惠、潮、梅25县的民众抗日组训工作。后又获第四战区司令长官张发奎聘为司令部少将参谋，此后丘念台便转为军职，直到日本投降、台湾光复才解除军中职务。广州沦陷后，丘念台随第十二集团军及自卫团北移至四会，并在此筹划东江抗战事宜，成立"东区服务队"，号召各地青年踊跃参加训练，为抗战增砖添瓦。"东区服务队"是在1938年10月21日广州沦陷那天成立的，其驻扎的地方是广州外围罗浮山区。队徽由丘念台设计，

含义是"铁血保卫祖国河山";队歌则是:

> 南海风波恶,惠、博、增、从落,白云山下倭兵着!
>
> 步行二千里,东区服务队,动员民众自卫!
>
> 团结、严厉、自省、奋斗、牺牲!
>
> 岭外三州作根据,除人民疾苦,善人民生计;大家齐奋
>
> 起,老幼男女,必收复失地!

"东区服务队"与中共领导的"东江纵队"相邻,以文福乡为试点,仿效延安的工作方法和作风搞群众运动,开办有百余学员的干部训练班,课程包括政治、时事知识,重点组织民众抗日救亡,并演练游击战。丘念台和全体队员共同生活、布衣简食、共同劳动、开展生产、深入民众,进行抗日宣传教育。丘的妻子则在其中负责学校管理工作。更难能可贵的是,"东区服务队"的成员既有国民党人,也有中共地下党员和无党派人士,还有从台湾来的在途中受过许多误会和危难的台籍爱国青年。

训练一个月后,丘念台以这些青年为骨干,在全乡办起青年武术馆、妇女夜校等数十间,召开各种座谈会,公演话剧等进行抗日宣传。1939年年初,举行武术比赛,三八妇女节举行妇女大会,全乡妇女献出2000双手制布军鞋给抗日前线战士。短短半年,在一个平静的山乡,掀起了热火朝天的抗日高潮。

在结业时,队长丘念台有一段话很精彩:

> 现在我们的学习仅告一段落,只是结业,不是毕业;我们的目的是争取抗日战争的胜利,等到抗战胜利了,我们才毕业,那时我们再聚一堂,看谁为抗战贡献最大,那时我才为同学们出光荣榜。

丘念台在罗浮山区一共待了6年,除最后一年半从事国民党党务工作外,4年多的时间里都在穷乡僻壤组训民众,鼓励青年积极抗日。

此外，"东区服务队"还在所在地区推动每保办一战时小学的计划，以惠州以东的横坜为中心向四周发展，推展至惠阳、博罗、紫金、河源等县区，先后成立45间小学。当时这些县市由于受战争影响，各县府均已搬迁，无法兼顾教学工作。"东区服务队"为战时的县府做了最重要、也最基本的教育工作。在此期间，丘念台还从一批汉奸嫌犯中，解救出5名台湾男女青年。他们是从台湾经香港至惠州，再到重庆参加抗日的留日学生钟浩东、蒋蕴瑜（即蒋碧玉，蒋渭水的养女）、萧道应、黄素贞和李南峰，不料被国民党军队误认为是日本人派遣的间谍而被拘捕。后经丘念台讯问，发现他们的父母多是丘所熟稔的朋友，于是出面担保，5人被释放后加入"东区服务队"工作。由于他们通晓日语，对搜集日方作战情报立下不少功劳。

为抗日舍小家顾大家

丘念台做任何事情始终秉承一个原则，那就是只要对国家民族解放有利的事，就会尽力去做，不在乎别人的看法、想法如何，不求报酬，不计安危。因此，在别人向后方撤退时，他反而到离前线更接近的地方去。对此，1944年，广东省国民党委员高信到惠州时当面问丘念台："你为什么在抗战七年中，在后方有官不做，有教授不当，偏要走到前线山地受苦？"丘念台表示："我父亲给我取的别号是念台，如今非独台湾没有恢复，连祖居广东省也沦陷敌手。我哪能有心情安居后方做大官、做教授呢？我到前线工作，是抱着有如悼念父母死亡而'寝苦枕块'的心情去做的……"而且，他要妻子梁筠端带儿女回粤北蕉岭老家。他的妻子带着女儿应棠、儿子应楠、应棣回荒僻的祖居，结果旅途困顿，应棣患病又找不到医生，因而夭折。梁筠端悲恸无限。早先丘念台夫妇俩为了尽心报国，所以不再生育，现在幼子夭折，儿女更单薄了。她和许多亲友都劝丘念台再纳妾。那个年头纳妾以增多子嗣的风气非常盛行。但是丘念台不肯，他说：我就是纳三妻四妾，生的儿女再多，也只不过一二十个，如果我把我的精力贡献给国家民族，造就更多青年，那不就是得更多更多儿女吗？他常说：我把国家民族命脉放在第一位，然后是出生地故乡台湾，再来是广东祖居地，然后是祖先父母，最后是自己的家属子孙。

作为妻子，梁筠端始终全心全力支持丈夫的信念。在日本时，帮他筹组"东宁学会"。后来，丈夫到东北慰问义勇军时，她也典当和变卖了自己的嫁妆等财物支持丈夫。现在，为了抗日大业，她又带着孩子到这荒僻祖居，只有自己下田操作，以微薄的收成来养育儿女家人。让妻子备感欣慰的是，丘念台也不是全无家庭概念的人，每逢先人忌日、或逢年过节，他总尽可能赶回祖居祭祖、拜先翁，那时一家人也可享有短暂的天伦之乐。

台湾光复前后：为国倾尽心力

光复台湾的准备工作

1941 年，鉴于推进台湾党务的重要性，国民党在香港成立了台湾直属党部筹备处，并于 1943 年在福建漳州正式成立党部，台南人翁俊明担任主任委员，丘念台为执行委员。同年 11 月 26 日，开罗会议决定日本应将台湾归还中国，国民政府中央为接收做准备，在中央设计局内设立台湾调查委员会，丘念台奉派为调查委员，奔走闽粤，策进复台工作。1944 年 2 月，丘结束"东区服务队"事务，专责台湾党务，将原有队员加入党部工作，仍以惠阳、博罗为根据地，订定工作计划，成立闽南工作团和粤东工作团，丘念台自任粤东工作团团长，运用华南与各省沦陷区的台湾同胞深入港、穗、汕联系当地台人，渗入台湾及沿海战区工作。1945年2月，闽粤赣边区上将总司令香翰屏认为，丘念台在广州、香港等地主持渗透联系的工作极为成功，于是介绍其与美国十四航空队合作，进行招募登陆台湾的向导人员，丘念台特挑选干练台籍青年16人在梅县集训待命，并拒受美军酬金。同年8月，日本宣布投降，丘念台当时在福建永安，闻讯后急返广州，因为这里有他之前"东区服务队"队员，而广东沿海各地还有几万台湾同胞。他们的处境非常尴尬，一直关心台湾同胞的丘念台不能不急速去安抚台胞。居留在广州及近郊的台胞约有两万人，他们原属日本部队正规军，是日本从台湾强征来的，往往被视为帮助日本人欺凌中国百姓的汉奸，日本投降后被转交给广东国民党军方，军方及地方不少人要求国民党政府予以严办。对此，丘念台认为，其中的确有一些利令智昏的日本走狗与爪牙，但更多是被日本人强行征调去充当技术人员和做粗工，对祖国同胞尚不足以有太过分的行为。据此，丘念台替留在广东的台籍军民陈情，并获取国民政府的体谅与同情。

为台湾同胞返乡奔走

1945年10月25日，台湾光复。丘念台想到51年前他父亲丘逢甲率领义军与日军作战，遭到失败，台湾遂告沦陷，1895年举家迁回大陆，当时他只有1岁多，童年时备尝艰辛。1931年9月18日，日本侵略东北，他正是37岁的壮年，为国仇家恨而从事抗日活动，经历了14年的日子，他51岁时，台湾终于归还祖国！虽然他没有参加这个伟大而具有历史意义的受降典礼，但心里仍异常的兴奋。丘念台之所以没有返回台湾，是因为要处理在大陆的台湾同胞问题。这些台湾同胞当时身份不明、处境尴尬，站在国家民族立场，以及他个人的桑梓观念，尤其是他父亲和台湾同胞抗日的经历，丘念台认为，为羁留在大陆的台湾同胞寻求适当的安排办法，是他义不容辞的责任。因此，丘念台向国民政府陈情说：

> 台湾人民原来是中国人民，因为满清政府战败，割让与
> 日本，台湾人民不得已转变成为日本殖民……由历史来看，
> 他们好像是被父母遗弃的孩子，现在又重回到父母亲身边，
> 我们为父母的更应该加以抚慰与照顾……台湾人在日本统治
> 下，文官做不到乡镇长，武官当不到团长，实在都够不上做
> 汉奸和战犯的资格，何况他们都是来自大陆的大汉民族的
> 子孙。

丘的陈情得到国民党当局的了解与同情，随即通令全国，除少数
以战犯论处外，其他台籍民众一律免究，予以宽释，并陆续遣散返乡。
这是丘念台对台湾同胞的一大贡献。

家祭毋忘告乃翁

台湾接收工作结束后，丘念台为帮助台湾同胞进一步认识祖国大
陆，了解和接触中华民族深厚的爱国传统，1946 年 9 月台湾回归祖国
一周年之际，组织了"台湾光复致敬团"，来祖国大陆向国民政府和先
圣先贤先烈致敬，表达台湾同胞对台湾回归中国版图、台湾同胞重回
祖国怀抱的民族感情和认祖归宗的情怀，增进两岸人民的相互了解，
消除历史隔膜。其主要活动是：谒拜中山陵、晋谒当时中央政府要人、
献金抚慰抗战阵亡将士家属、救济战乱灾胞、恭祭黄帝陵等。作为台
湾光复后第一个来祖国大陆的致敬团，该团抵达祖国大陆后引起强烈
的社会反响，受到媒体的重点采访、百姓的热烈欢迎和当地政府的热
情接待。

之后，团员各自返回台湾，丘念台则回到广东省祭祖。回到祖居
地最先要祭告他的父亲丘逢甲："台湾光复了！"丘逢甲曾在离台诗中
说："卷土重来未可知，江山也要伟人持。"如今，丘念台在他父亲逝

世34年后返回家乡，隆重祭祖，特别撰写祭文在其父墓前祭告，祭文最后的几句摘录如下：

> ……呜呼父兮，教我荫我；呜呼母兮，育我长我。缅怀先妣，共父负荷，或促事功，或理丛脞，或善教导，或排坎坷，今日稍成，深恩难报！呜呼，死岂全空，台澎重逢，今日祭告，九州未同，展望家国，祈感无穷……民治未立，希启台蒙；竣继未立，希启宗功，噫嘻！恩义无疆，风木堪伤，故土已复，故国其昌；英灵永佑，水远山长；怀慕荡筋，伏维尚飨！"

反对"台湾托管"及"台独"

1947年台湾爆发"二·二八"事件，丘念台从广州返回台湾参与安抚台湾同胞的工作。之后担任台湾省党部主任委员并当选监察委员，1948年国民政府召开第一次国民大会时来大陆与会，在此期间，展现了"台湾同胞都热爱祖国，要使祖国同胞更爱护台湾同胞"的浓浓希望。同年冬天，丘念台请辞台湾省党部主委，由当时的台湾省政府主席陈诚接任。1949年国民党当局退踞台湾，国际社会一股"台湾托管"论甚嚣尘上，日本国内不少台胞也深受影响。丘念台于1951年前往日本，大声疾呼："你们说要把台湾托管吗？你们有没有想到，这等于是你们把自己祖宗留下来的产业出卖，也等于是你们把国家出卖。"针对持"台独"立场的人，丘念台则说："台湾不能单独存在，无论从历史、地理与政治各种因素来看，台湾与大陆，有如枝叶之根源，不仅生死互赖，不可分离；而且本支一体，休戚相关，荣辱与共；绝对不能单独存在，更不容国际共管或托管！"之后，丘念台奔波于日本与台湾之间，对两岸尽早统一倾尽了心力，直至1967年1月12日病逝于日本东京。

李万居　反日爱国的"鲁莽书生"

李万居（1901—1966 年），字孟南，台湾云林人，祖籍福建漳州。台湾著名报人与政治家，有"鲁莽书生"的称号。毕业于上海文治大学，后赴法勤工俭学。归国后先任教于上海江南学院，后在重庆军事委员会任国际问题研究所主任，并协助组织台湾革命同盟会，参与"台湾光复"准备工作。回台后任台湾省参议会第一届参议员、副议长，

李万居

"制宪国大"代表，台湾省临时省议会第一、二、三届议员，台湾省议会第二、三届议员。《台湾民声报》发行人，台湾《新生报》社长，《公论报》发行人。

李万居出身于贫农家庭，早年授业汉塾。在法国留学时加入了以民族主义为号召的中国青年党，与中国青年党的领导人、创始人曾琦、李璜等人相熟。学成归国，时值日寇侵华，抗战爆发，李万居遂投笔从戎，任国民政府重庆国际问题研究所驻粤港办事处主任，于粤、桂、港澳和越南之间从事对日情报工作，负责收集、研究战时日本的战略情报与外交政策，并且常常发表相关社评。在重庆期间，参与筹组当

时大陆最重要的台籍人士政治团体——台湾革命同盟会，任行动组组长，并创办台湾革命同盟会机关报《台湾民声报》，任总编辑。1945年日本投降前夕，李万居任"台湾调查委员会"专门委员，参与接收台湾的准备工作，为首批赴台接收人员之一。在中华民族面临空前危机、日军侵占我国大半河山之际，李万居积极投身到这场全民族的抗战活动中，展现了高尚的爱国情操和坚定的反日情怀，与蒋渭水、蔡培火等人齐名。台湾光复后，李万居返台，是颇有影响力的政媒两栖人物。

抗战期间：反日、爱国的台湾青年

李万居先人于明末清初时期渡海赴台，耕渔维生，传衍至李万居已是第七代。李父李镪、母吴娇、姐李藕，一家四口，如同当时万千平凡的农家一般，住在云林县口湖乡梧北村的草寮里，靠几分薄田维持温饱。但在李万居童年时，父亲因病去世，母亲则因日本保警催租而自缢身亡，使年少的他备尝辛苦，却也因此养成质朴坚毅的反日爱国性格。

对日情资心战屡立功勋

1921年，蒋渭水等主导的"台湾文化协会"创立，发行各种唤起中华民族意识的书刊，严词批判日本殖民统治，并大力推崇祖国文化。这些都对李万居影响极大，终于推动其返国求学。早在上海文治大学求学期间，李万居即利用寒暑假返台，把在祖国的感受和祖国革命斗争的讯息引入台湾，指出发动民众和武装斗争在民族解放运动中的重要作用，以促进台湾的民族解放运动。

在上海时，李万居与台籍知识分子谢南光相识，通过交往，李万居了解到谢对日本问题有研究，就将其介绍给重庆国民政府军事委员会国际问题研究所所长王芃生。国际问题研究所是抗日战争时期国民政府专责搜集日本情报，并进行分析研究的单位。王芃生对谢的谈吐非常满意，就派其到香港从事对日情报的收集工作。谢在此之前曾任台湾民众党宣传部长，在上海即已加入中共地下组织。当时谢在港期间，一次有事情赴广州，被国民党当局逮捕，指其为日本特务。王芃生闻讯后唯恐受累而不愿出面交涉。李万居得知后一直为谢辩护，并以全家性命担保画押以求救谢。王芃生见李万居态度坚决，才电告广州，将谢释放，但王对谢自此产生戒心，改调李万居赴香港接替谢的工作，并把谢调回重庆国际问题研究所。谢不知被调回的具体原因，一度对李心生怨恨，李对之则一笑了之。

李万居加入重庆国民政府军事委员会国际问题研究所后，以其擅长多种语言，整日风尘仆仆往来于粤、港、越南之间，忙于对日情报的收集与联络网点的布建工作。而此时的中国，烽火遍地，"八一三"抗战失败后，上海、南京相继沦陷，日军缨锋直指华南，半壁河山日月无光。战事日急，故乡音讯渺然，而自己与家小也天各一方。李万居每每想起同样在日军铁蹄下的台湾乡亲父老，心中悲愤、惆怅交加。

1938年6月，李万居在越南河内偶然结识了日本社会主义者、反战人士青山和夫。青山和夫不满日本军国主义侵略政策，向李万居表示愿投奔重庆从事有关对日反战宣传工作之意。李万居欣然同意并克服万重困难，甚至以身家性命担保，将青山和夫带到重庆国际问题研究所。因青山和夫早期与王芃生相熟，即顺利留下在该所第三组工作，直至抗战结束后才回国。

在香港收集情报时，李万居担任国民政府军事委员会国际问题研究所驻粤港办事处主任，以为《申报》、《战时日本》等报刊、杂志撰写国际评论文章及社评做掩护，曾与爱国抗日台籍人士、同乡谢东闵合作。当时，谢东闵在香港英政府新设的邮电检查处当日文检查处主任，经常将获得的有价值的情报，同时密抄一份传送给在香港的同乡李万居，再由李传送给重庆的国际问题研究所。谢在珍珠港事件前，查获日本海军大量情报资料，包括新式水雷的情报资料、日本经济状况变动资料、日本国内物资供应短缺以及日军南进行动的规划、日本进攻美国已不可避免等重要信息资料，都抄送李万居转给国际问题研究所。

《李万居传记》的作者杨锦麟曾指出，抗日战争时期国民政府有两部发报机，其中一部就在李万居手上，由李处理战略情报。台湾"中研院"近史所研究人员陈仪深根据李万居儿子李南雄的口述访问指出，李万居在抗日战争期间做情报工作时最得意的项目是，根据一些公开资料与非正式管道，竟猜中日军攻打珍珠港时间。据李家后代指出，20世纪60年代李万居与雷震组党，雷震被捕入狱，风声鹤唳之际，李万居只因蒋介石说"此人爱国"未遭当局毒手，据信李万居抗日期间的情报工作经历，可能帮上忙了。作为一介书生，李万居投笔从戎，义无反顾地投入抗日战争的秘密战线，表现出对中华民族、对祖国一片深挚的爱。

发表时评宣传抗日爱国

李万居在收集日本情报的同时，也借其在《战时日本》等报纸杂志发表文章这一掩护身份，刊登了大量针砭时政、宣传抗日爱国的文章，从其内容看主要涵盖三方面主题。一是人物随笔。主要代表作是以"孟南"为笔名撰写的《漫画青山和夫》，详尽介绍了青山和夫这位投身反抗日本帝国主义侵略中国的日本友人。二是对汪精卫叛国投敌罪行的无情鞭挞与揭露。1939年1月16日至11月16日，李万居连续发表了6篇评论文章，揭露了汪精卫叛国投敌的滔天罪行，表现出对汪伪集团卖国求荣、甘当傀儡的鄙夷和蔑视，展现了李万居强烈的爱国主义情操。三是对国际时局及中日战争前景的分析，这在所有评论文章中占有相当比重。李万居以其敏锐的政治嗅觉、政治观察力和研判分析能力，对当时的国际时局做出了几近合乎历史实际的惊人预测，对当时国际问题研究所研判中日战争及国际局势走向发挥了极为重要的作用。此外，李万居还在闲暇之余写了一些诗，字字句句洋溢着一个知识分子矢志报效祖国、解救民族危难的责任感与决心。现摘录几首如下：

雷州旅次感怀（一）

烽火中原已五年，征尘愁煞海南天。

丹心万劫雄图在，忍听东都泣杜鹃。

雷州旅次感怀（二）

颓然醉里且忘情，醉怕更阑酒亦醒。

踏尽人间艰难路，雄才岂竟是书生。

赠月友同志

不许中原聘敌骑，沙场誓愿表英姿。

人前掩泪酬家国，谁信雄心属女儿。

吊石达开

蜀中去后无踪迹，半壁河山未竟功。

剩有诗篇遗恨在，西江鸣咽哭英雄。

欲凭赤手驱胡虏，百战功亏一篑功。

韬略千秋垂史乘，未应成败论英雄。

敌犯雷州违难廉江元宵寄内（一）
明月团团照小园，元宵景色满黄昏。
柔情欲寄何从寄，兵燹中原几断魂。

敌犯雷州违难廉江元宵寄内（二）
雷州烽火燕书沉，南国征人感不禁。
斜倚栏杆劳怅望，试将红豆寄同心。

吊延平郡王
三百年间一脉存，浩然正气满乾坤。
声威永树思明岛，义烈长留鹿耳门。
澎湖怒潮犹有恨，嶙峋下璧应归原。
萍踪踏遍欧亚土，为觅灵方振国魂。

将解放台湾与祖国命运紧密相连

1937 年抗日战争全面爆发后，台湾同胞反抗日本殖民统治的斗争成为中华民族抗日战争不可分割的一部分。台湾重返祖国怀抱，而不是寻求"台湾独立"或"自治"，成为真正实现台湾同胞解放和自由的唯一途径。因为，"中国失去台湾，即为不完整的国家；台湾脱离中国，实无前途和幸福可言"。抗日战争爆发后，对大陆较为了解的李万居等台籍人士充分认识到，台湾解放与祖国抗战间的紧密联系，坚持要求回归中华祖国，因此，发起台湾复省运动。

李南雄对父亲李万居"救祖国才能救台湾"的思想有以下概括："就先父李万居先生的'政治定性'，免不了是要以民族主义者来画句点……父亲在海面上看见苍茫的大海，感觉自己的前途和台湾的前途都一片茫茫，或许回大陆是台湾的出路。"李南雄还说："先父在世之时，讲他立志求学的一段，他说当时他常常在海边徘徊，想到自己的出路，又想到台湾的前途，总是热泪两襟，最后他对自己说，唯有祖国的强大，台湾才有希望。"李万居侄子李水波也回忆说："叔父……态度诚恳地对我表示：大中华民族是一家，均为炎黄子孙；我等之祖先均由福建迁来台湾定居；福建亦是中华民族之一员。他希望大家眼光要远大，应该团结一致和气如一家人。"

当时，国民党中央以海外身份看待台港澳等地，其中台湾隶属东京总支部，港澳直属海外部。1939年年底，时任组织部长的朱家骅发现，国民党在台湾既无组织，亦无活动，东京总支部因战事也已瓦解。而台湾为日军南进基地，对抗战十分重要，加上台胞怀念祖国之心日迫，在大陆投身抗战的台籍人士以及随日军进入沦陷区的台胞为数不少，朱家骅积极支持台籍志士的复台活动，并将其正式纳入国民党中央的组织工作。在国民党中央的幕后组织下，1941年2月9日，"台湾独立革命党"、"台湾民族革命总同盟"、"台湾青年革命党"、"台湾国民革命党"、"台湾革命党"等组织代表齐聚重庆，李友邦、李万居、刘启光、张邦杰、李友钦等决定解散"台湾革命团体联合会"及所属各团体，成立"台湾革命同盟会"，并迅速成为台湾同胞在祖国大陆组织的最大抗日团体。成立当天，台湾革命同盟会发表《成立宣言》，宣称：

……四十余年来，台民虽被幽禁于暗无天日之孤岛中，然此心则无时不眷念祖国，然对日寇之残酷压迫与凌辱，咸抱不共戴天之仇，誓与暴日偕亡，故前后武力抗战达数十次之多，为谋解放失地，为台湾革命而牺牲者不下五十万人，前仆后继，百折不挠，其壮烈之事迹诚可动天地泣鬼神！

唯台湾孤悬海中，以往先烈孤军苦斗，既乏精锐武器，又缺外力奥援，致壮烈抗争，每次功败垂成。自祖国发动民族神圣抗战以来，吾台湾六百余万民众莫不感奋庆宁，有志之士，或奔归祖国，效命疆场，歼彼顽寇，以湔雪不世之仇，或潜伏活动与组织，冀一旦时机成熟，而与祖国军事相呼应，予敌寇以致命之打击。吾人咸认祖国与台湾在抗战建国上有不可分离之密切关系，祖国抗日胜利，固为台湾民众解放之唯一要素，而台湾革命运动，对祖国抗战亦不能谓无裨益，当此太平洋波涛汹涌，阴霾弥漫之际，台湾所处之地位尤为重要，深望台湾同胞一致乘时奋起，光复失土，同时恳切期待祖国父老兄弟及国际人士予以指导及赞助！

2月10日，"台湾革命同盟会总会"在重庆成立，设"主席团"，下分设总务、组织、宣传、行动四部，为顾全现实及防止敌人破坏，采用"双料组织"的原则，在漳州、金华两地设立南北方面执行部，分别指派张邦杰、李友邦两人为主席，发展沦陷区及台湾岛内的组织，推进台湾同胞抗日革命活动。饱尝日军奴役的台籍志士眼看着祖国同受日军的蹂躏，深知非帮助祖国获得抗战胜利，则无从以言台湾的复土，非台胞人民团结一致，即无力以言帮助抗战。他们一面组织台湾义勇队，在祖国战场上配合作战，一面进行内部的团结，以加强抗战的力量。台籍志士深感，由法律上的收回台湾进而为事实上的收回台湾，必须等待中国反侵略战争的胜利和世界反法西斯战争的胜利。

1942年4月5日，台湾革命同盟会第二届大会发表《宣言》，称：

太平洋战争的爆发，在中国抗日战事上划了一个新阶段；同时在台湾革命史上亦划了一个新阶段；祖国向倭寇正式宣战，马关条约已告失效，台湾已与其他沦陷区相同，站在祖国省群中，站在祖国疆域上，吾台革命已不复孤立，吾台六百万同胞，已与祖国四万万五千万同胞混为一体，破镜重圆。祖国的命运，亦即台湾的命运。祖国存，则台湾亦存；

祖国战胜，则台湾光复，否则沉沦。……因台湾原为中国失地，台湾同胞皆为汉族；祖国对于台湾，除导其来归之外，绝无他途可循。因此，吾台革命者勇敢大声疾呼：在情在理在势，祖国都应早定收复台湾大计。其最重要的一着，就是应该设立台湾省政府，正式承认台湾为沦陷省区，台湾设省，则在台湾的同胞相信祖国决心收复台湾，将起而抗日将联袂而起。台湾设省，则国内潜伏的台湾力量，可以表面化而用为恢复台湾的生力部队。台湾设省，则战争结束时，同盟国家不能视台湾为日本的殖民地。无论国内国际乃至台湾省内的观念，将因此完全一变，而台湾的光复工作可以事半而功倍。目前增设台籍参政员，使台湾民情得以上达，尤为急不容缓的措施。台湾需要建政，亦需要建军。

包括李万居在内的台籍志士坚决要求台湾回归祖国，恢复台湾为中国行省建制，比照内地沦陷区惯例，成立台湾省政府，以激发他们爱土爱乡的激情。尽管这些复台行动得到国民政府的理解，但并没有实现。

参与接收台湾：主张台湾归属中国，反对国际托管

开罗会议后，国民政府开始筹备台湾回归祖国的相关准备工作。1944年3月，蒋介石下令在国民政府中央设计局之下成立"台湾调查委员会"，专司有关接收台湾的各种准备工作。4月17日，"台湾调查委员会"宣告正式成立。在历时一年半的筹备工作中，除了在搜集、翻译、编辑有关台湾问题的资料方面做了大量工作以外，"台湾调查委员会"主要对接收台湾及台湾收复后需要解决的重要问题，进行了认真研究讨论，提出了一系列具体措施和落实方案。一是组办"台湾行

政干部培训班"，训练培养大批接管人员。二是制订《台湾接管计划纲要》，保持台湾平稳过渡。三是设计未来台湾行政体制，颁布《台湾行政长官公署组织条例》。四是规划未来台湾经济建设方案，提出工业、农业、财政发展之措施。五是进行舆论宣传，动员台湾人民为回归祖国而努力。

随同国民党军队撤退至重庆的李万居被任命为"台湾调查委员会"的专门委员（专员），主要任务为参与"台湾调查委员会"有关收复台湾之调查准备工作，负责有关台湾行政区划之草拟，对台湾光复后之行政区划，包括废除保甲制度、县市区域划分、各级机构及民意代表机关之设立，提出相当建言，为后来台湾光复后之地方行政区划及政治架构，奠定了重要基础。

在舆论宣传方面，为使台湾人民能够意识到当时的形势，使更多的台湾同胞主动地投入抗日复台斗争，"台湾调查委员会"进行了大量的宣传鼓动工作。在"台湾调查委员会"的指导下，以李万居为代表的台湾革命同盟会在此期间发挥了重要作用。

早在 1942 年，台湾革命同盟会就曾倡议发起，举行了盛况空前的"复台宣传大会"，并得到了重庆文化界的广泛支持。此后，又将 4 月17 日（1895 年《马关条约》签字之日）和 6 月 17 日（1895 年日本设立"台湾总督府"、开始统治台湾的所谓"始政纪念日"）定为"国耻纪念日"。每年届此二日，举行隆重纪念。开罗会议后，台湾革命同盟会于 1944 年 4 月创办了机关报《新台湾》，编撰了《台湾问题丛书》，系统地介绍台湾的历史与现状，增进各界民众对台湾的认识。1945 年4 月，国民政府加紧进行收复台湾的准备工作。为配合这一形势，李万居在重庆创办了台湾革命同盟会的另一机关报《台湾民声报》并担任该报发行人。《台湾民声报》针对当时国际上"台湾归国际共管"的谬论，代表台湾同胞阐明了严正态度。该报指出："六百万可怜的台湾同胞受尽了倭寇的蹂躏摧残，他们无时无地不在思念着祖国的同胞和回到祖国的怀抱"。如果"'国际共管'主张得以实现，不但台湾同胞永无翻身之日，则中国国防亦永远无建设之期"，呼吁"中央当局对台湾加强认识了解，以保障台湾人民民主自由与社会经济稳定发展"。对此，李万居更在该报发表的《确立台湾的法律地位》一文中写道：

> 台湾是甲午战败后被当作求和的牺牲品，而割给日寇的，这一段惨痛的历史，应该是尽人皆知，用不着我们在这儿叙述的。她是百分之百的中国领地，她是炎黄子孙所筚路蓝缕开辟的，那儿的居民除极少数外，都是不折不扣的汉民族……自太平洋战争爆发，中国对日正式宣战之后，所有过去中日两国间签订的条约即已完全失效，《马关条约》当然也没有例外。因此，从那时起，台湾在法律上应该仍是中国领土之一部分，事实上，并不需要经过三强开罗会议的决定。

紧接着，李万居还从国际公法、民族、民族自治、地理与国防等方面，详细阐述台湾是中国领土一部分的各种理由，呼吁"台湾澎湖都应重新并入中国版图"。

由于当时有部分大陆人士对居留在大陆的台籍人士存有歧见和不信任，李万居在《如何安置在大陆的台湾青年》一文中强调：

> 台胞的来归并不是为着找寻保暖安逸，也不是为着谋官求职，他们的动机极其纯洁，完全出于民族意识的驱使，不愿做异民族的奴隶，反对淫虐政治，而其终极目的则在谋台湾的真正解放，解放六百余万同胞的倒悬，获得民主国家的国民所应享的自由与平等。……当然今日国内亟待治理的重要问题，真是千头万绪，也许因此，中央当局觉得在抗战建国中，台湾问题所占的地位微乎其微，自然无暇顾及。但站在我们的立场，则认为这个问题不该等闲视之，因为台湾在

国防与经济上所占的地位对祖国的关系实在太重要了。

李万居积极投身抗日活动，不遗余力地宣传台湾归回祖国，反对"国际共管"，参加收复台湾的设计，为台湾光复做出了重要贡献。其思想与行动是六百万台胞心向祖国的集中体现。事实充分证明，只有回归祖国，台胞才能实现真正意义上的民主和自由。

台湾光复后：政坛与报业两栖著名党外政治人士

办报

身为收复台湾接收大员，李万居历来被视为"祖国派"，也因拥有在中国大陆生活、工作经历而被称为"半山"。正因早年在大陆生活、工作，1945年9月，李万居即以首批赴台接收人员身份，随台湾"行政长官公署"到台湾进行接收工作，但他拒绝接收银行，而出任台湾《新生报》首任发行人兼社长。1947年爆发"二·二八"事件后，时任台湾行政长官陈仪重用的李万居出任"二·二八事件处理委员会"常务委员，负责参与斡旋，不过，其"半山"的特殊身份，反成形象羁绊，不仅本省人将其视为国民党当局的"帮凶"，国民党当局也逐渐质疑其立场问题，最终被官方列进暴动的"主动及附从者"，一度险些成为"二·二八"的受难者。受此影响，当年9月台湾《新生报》进行改组，李万居由社长、发行人被架空为有名无实的董事长。在此情况下，李万居于10月间自行创办《公论报》。《公论报》的问世与言论走向，反映了李万居耿直坦率、蔑视权贵的一面，其坚守言论自由、针砭时政的无畏立场，在当时肃杀的政治气氛中显得独树一格，令人耳目一新，声誉鹊起，不久便赢得"台湾大公报"的美称。但也因此成为国民党当局的眼中钉，对其打压可谓不遗余力，不仅明令政府机关、事业单位禁止订阅，也不准在该报刊载广告，书报摊亦不得贩售；同时对多位报社主管、记者罗织各种罪名加以诬陷，或遭银铛入狱，或从此失踪，为上世纪 50 年代的"白色恐怖"添加了更多的不幸。

议政

李万居回台湾后，受到乡亲父老的热烈欢迎，并于 1946 年在台南县参议员激烈选举竞争中脱颖而出，成为该县 77 名县参议员之一；同年并以第一高票当选为省参议员复任副议长，成为台湾地方自治史上首批民意代表之一，也是李万居从事地方民意机构问政生涯的开始，其后又连任四届省议员，问政长达 22 年之久。在台湾省议会问政期间，对改善台湾原住民同胞生活、安置失业人群，改善偏远地区农、林业者生活，以及对许多基本水利、交通建设，及当时民主政治环境的改善都投注了许多心血。即使在晚年遭受《公论报》停刊及中国民主党胎死腹中的打击，亦未削减其服务民众之热诚。

李万居是一个爽朗的谦谦君子，但在议会中针砭时弊时却像变了一个人，慷慨激昂，发言大胆、有些鲁莽，其问政风格常言人所不敢言，义之所在，勇往直前，有时甚至不顾一切，然后把自拟的质询文稿全文登在《公论报》上，因此被记者取了个"鲁莽书生"的绰号，并和郭雨新、许世贤（女）、郭国基、吴三连、李源栈以"五龙一凤"驰名。但这些也使得李万居一直都是国民党当局锁定的对象，其于台北市康定路的居所甚至于被一把无名火烧毁。

组党

除"报人"性格外，李万居也具有高度的政治行动力。1957 年，李万居积极奔走组织党外人士召开选务改进座谈会，要求国民党检讨选举的作票舞弊现象，之后更与集聚台湾知识分子的《自由中国》杂志社合流，与雷震先是倡议筹设"中国地方自治研究会"，之后于1960年正式提出创设"中国民主党"要求，李万居是三位发言人之一，同时内定为组织部长。不过，组党之议最终在国民党逮捕雷震后告终，李万居虽透过《公论报》，以密集且巨大篇幅报道雷震被捕之不公，但《公论报》反而因之遭受更大整肃。1960年年中，李万居在报社高层重组过程中再次被架空。受到打击的李万居糖尿病旧疾复发，又因发妻操劳过度辞世而内外交侵，于1966年9月4日病逝于台大医院。

"办报、议政、组党"6个字可以大致概括李万居在台湾的后半生经历，但其中所贯穿的一条主线却是，返台后的李万居，逐渐走上了与国民党格格不入的反体制道路。目前，岛内蓝绿各界对其推动台湾民主运动评价甚高。但当时，他虽为中国青年党党员，但并不被国民党当局信任，加上他是非分明、坚持自由民主的个性，自然走上反抗者的道路，因此又被称为"半山的异端"。所谓"半山"是指半个唐山人，由于日本殖民统治时代有一批台湾人居留在祖国大陆并且在国民政府体制内任职，战后随国民党政府退台，从而在政治上成为有一定影响力的"特殊族群"，除李万居外，游弥坚、刘启光、黄朝琴、王民宁、连震东、丘念台等都被冠以如此称呼。

李克己　年轻的共产主义战士

李克己（1907－1934 年），台湾台南人，1931 年在厦门加入中国共产党，先后任闽南红军游击队第一支队军医，中国工农红军闽南独立第三团政治部主任，中共漳州中心县委委员。

李克己出生在台南县北门郡佳里街一个破落的小资产阶级家庭，中学毕业后开始习医。之后，李克己一度在台湾领导当地民众开展反殖民地反封建的斗争，但很快遭日本殖民当局追捕，李克己被迫于 1929 年横渡台湾海峡至厦门。1931 年起李克己由中国共产党党组织派到闽南参加党领导的武装斗争，是中国共产党优秀的政治工作者和出色的军事指挥员。

红军忠诚敬业的台籍军医

甲午战争失败后，腐败的清朝政府把台湾拱手割让给日本侵略者，激起台湾人民的不断反抗。由于常能听到周围老人讲述台湾义军反抗日本殖民者侵占台湾的斗争故事，李克己自小就非常痛恨日本帝国主义的凶恶，有强烈的爱国精神和民族意识。1928 年，李克己参加台湾共产党领导下的"农民组合"，并任中央执委委员，直接参与并领导台湾农民反抗殖民主义统治和封建主义剥削的斗争。1929 年，因日本殖民当局在台湾大肆搜捕"台共"领导下的"台湾文化协会"成员和"农民组合"的干部，在台湾难以立足的李克己被迫横渡海峡来祖国大陆，在厦门鼓浪屿以医生职业作掩护，继续从事革命活动。1931 年年初，李克己在厦门加入中国共产党，在厦门、石码一带坚持党的地下工作。从此，李克己从一个爱国主义者成长为一名忠诚的共产主义战士。

1931 年 3 月，中共福建省委遭受破坏，国民党到处抓捕共产党人，白色恐怖笼罩着厦门。厦门日本领事馆与国民党政府通缉李克己。为保护李克己，党组织分配他到闽南参加由陶铸、王占春、李金发领导的闽南红军游击队第一支队任军医。随军转战于漳州南乡、北乡、白云、洋尾溪、小山城、龙岭、车本、三坪和瓯寮一带。1932 年 4 月，毛泽东率领的中央红军东路军以凌厉的攻势击溃国民党第四十九师张贞部，攻克闽南重镇漳州，并指示在这里成立的闽南工农革命委员会和中共漳州中心县委，要抓紧时间发动群众，建立和发展农村革命根据地。5 月中旬开始，在中央红军派遣的军事干部的帮助下，闽南红军游击队扩编为中国工农红军独立第三团，李克己就被派往红三团，负责医务所工作。在此期间，由于"左"的思想泛滥致使军事指挥错误，导致军队蒙受重大损失，伤病员大量增加。李克己以极端负责的工作态度，竭尽全力的领导着医务所的全体人员，出色地完成了救死扶伤的重大任务。战争时代，药品奇缺是常事，而当时游击战争的环境更为恶劣，许多伤员都因缺乏药物而牺牲，其中李克己所在的红三团政委王占春就由于在崎溪寨仔村突围战斗中，身受重伤又无药治疗，最终失去了宝贵的生命。此事让李克己万分悲痛，因此开始克服万重困难，通过各种社会关系，亲自督促药品的供应和组织工作，并派人四处筹集药品。其中，地下交通员黄连同就被他化装成理发师到漳浦一带，向药铺关系户林松章购药；而交通员蔡武则化装成收购破烂的小贩，到角美镇第四交通站庄温木、庄盖寿处提取药品。为了更好治疗战士的枪伤，李克己还礼聘长桥乡擅长治疗枪伤的中草药老医生黄振英参加红三团的医务工作。李克己的这些努力，不仅有效缓解了当时药品奇缺的困境，也因医术高明、精益求精而颇受战士们欢迎。

李克己立场坚定，爱憎分明。1932 年 6 月下旬，"车本战役"失利后，红三团一连副连长、三连一个副班长和一个士兵不仅企图投降变节，还策动李克己也一起到平和县小溪镇去投降国民党军。他们对李克己说："在红军中没有出路，待遇菲薄，生活困难，你如果投到白军中去，同样可以当军医。"李克己痛斥他们背叛革命的无耻行径并立即上报组织，最终三叛徒被处决。

优秀的政治工作者

李克己不仅医术高明，临床经验丰富，而且善于做人的思想工作。和李克己同在红三团的台籍医生骆奇峰、张智赫、谢瑞生与他关系甚佳，这和李克己从生活上照顾他们，从政治上关心他们不无关系。尤其是，谢瑞生和李同是台南人，刚开始在闽南游击队医务所工作时，思想有些不稳定，李克己就给他看进步书籍，还畅谈革命的理想和未来的出路。李克己曾向谢瑞生表示，"我们的家乡台湾是日本帝国主义者占领下的殖民地，作为中国青年，尤其是台湾青年，我们只有一条出路，就是行动起来，用我们的双手打倒帝国主义，打倒封建主义"。正是李克己的及时帮助和真诚关心，谢瑞生很快就安下心来，与李克己一同在红三团从事革命的医务工作。除关心同事思想状况外，李克己也十分关注所接触的伤病员的思想状况，对产生悲观消极情绪的伤病员，李克己会耐心鼓励他们坚持革命，他曾对因在战斗中受伤而情绪低落的某管理排长高万山说："我们的困难是暂时的，我们的事业是正义的，我们终将取得最后胜利。"

作为一名中国共产党党员，李克己有很强的党性修养，先人后己，舍身救人。在平和县浦仔圩战斗中，面对一个因负伤流血过多、生命垂危的战士，李克己不顾自己体弱，毅然输血给战友，救活了这位普通战士。在那个环境恶劣的时代，不仅药物奇缺，游击队的粮食给养也十分困难，特别是1932年冬至1933年春之间，国民党军第十九路军封山、搜山、烧山、封路，企图困死红军，医务所因此多次断粮。李克己组织同志克服种种困难，连夜爬山越岭，到龙岭大山山腰一个偏僻的小山村，向农民兄弟购粮，解了燃眉之急。

李克己善于联系群众，关心群众疾苦。每转移到一个地方，如果有群众因病要求诊治，他不管三更半夜，山路崎岖，都摸黑下山为群众治病。石景村的林毛，山前村的林春绸，洋尾溪村的谢勃耳和白云村的张亚藏等都是患过急病由他治好救活的。因此，驻地群众都把他当作贴心人，他在群众中享有很高的威信。

通晓兵法的军事指挥员

1933年1月，中共漳州中心县委在龙岭召开扩大会议，批判并纠正了"左"的错误，改组了中心县委，李克己当选县委委员。此时，红三团已有三个连，300多人。1933年6、7月间，李克己升任红三团总支书记兼政治部主任。李克己虽然是一个医生，但努力研读马列主义的军事著作，尤其善于在战争中学习、研究军事，并逐步学会指挥作战，最终成为一个熟知军事，通晓兵法的优秀指挥员。

1933年春，国民党十九路军纠集民团大举进犯红军（南）靖

（平）和（漳）浦革命根据地，进占红军在山城、龙岭、小龙溪、洋尾溪、山前、三坪的主要根据地。在此情况下，红三团除留一部分兵力坚持在根据地与国民党军周旋外，另由李克己带领一个连和团部的部分干部计100多人，打出外围去开辟新区，先后开辟了桂山、大帽山新区两个根据地，涵盖范围达30多个村庄，不仅使红军有了新的立足点，还迫使国民党军退出三坪、山前、洋尾溪等一些村庄，暂时缓和了国民党军对红军根据地的"围剿"，表现了李克己独立指挥作战的卓越才干。

1933年秋天，当红三团两个连300多人驻防大田坑、小田坑、白云、上峰一线时，国民党十九路军又以一个团兵力来犯，李克己等亲临前线指挥战斗。由于十九路军有过"一·二八"淞沪抗战的光荣历史，有些基层官兵具有爱国思想，反对打内战、希望一致抗日。因此，李克己指挥部队在阵前开展政治攻势，向国民党军士兵喊话，号召他们掉转枪口共同抗日反蒋。这一策略最终产生了重要作用，十九路军的一个机枪班长，一个司号员和两个弹药兵临阵倒戈，携带机枪、子弹向红军投诚，十九路军部队当晚被迫撤离阵地。这一仗对巩固红军靖和浦根据地，鼓舞士气，瓦解国民党军起了很大作用。

11月，红三团的三个连开往南靖、漳浦两县边缘的大坪山上休整时又被国民党军发现，即调动民团前去包围。得到情报的中心县委立即派红三团团长尹利东赶回通知部队转移，但尹因病未能及时赶到部队，此时十九路军已携当地民团共两三千人困住大坪山，红三团面临的形势异常紧急。在这种情况下，李克己临危不惧，毅然挑起指挥重任，再次发挥了出色的指挥才能，采取灵活的战术与国民党军周旋，最终冲出国民党军的包围圈，让红三团化险为夷，并创造了突围中无一伤亡、无一被俘的战绩。

1934年春，红三团在靖和浦根据地开展轰轰烈烈的分田斗争时，遭国民党"东路讨逆军"第三师李玉堂部和当地的保安队进犯。李克己率领两个连在大坪、掷石山中伏击并消灭了该部两个排，毙敌、俘敌甚多，缴获了大量武器，保卫了中心苏区分田斗争的成果。

1934年5月1日，闽南建立闽粤边临时特委，红三团归属临时特委领导。此时，国民党军马芳奎部纠集沈东海、张河山、吴玉如等保安队和民团再次向红军根据地大举进犯。5月4日，红三团配合赤卫队集中打击国民党军分进合击的一路，取得了胜利，但因没有及时转移部队，遭致国民党军埋伏。由于敌我力量悬殊，双方展开肉搏血战，李克己在鹰仔背岭被国民党军机枪打中腹部，因伤势过重，抢救无效，壮烈牺牲，年仅27岁。

冯志坚　反日爱国的台湾巾帼

冯志坚（1913－1976年），女，原名翁阿冬，台湾台北人，祖籍福建同安，1931年返回大陆，1939年加入中国共产党，先后参加抗日战争和解放战争。新中国成立后担任南京市妇联主任。

冯志坚在延安留影

冯志坚出生于一家经营茶叶的小商人家庭，是台湾爱国革命烈士翁泽生的妹妹，其思想受翁泽生影响较深。为维持家计赴新加坡打工时，与爱国进步青年来往密切，返国后在延安担任日文情报的翻译工作和对敌军的宣传工作，解放战争后期负责安置教育台籍爱国青年。在抗日战争、解放战争中均展现了坚强的意志和高尚的品德。

从台北到厦门：早年受进步思想影响

1931年，因为台北家中一系列变故，加之其父亲不愿冯志坚继续接受日本奴化教育，冯志坚与父母三人举家内渡。冯父翁瑟士（1861—1932 年）为福建省同安县人，早年渡海到台湾，定居台北，民族意识较浓，曾结识了同盟会会员杨心如，热爱祖国，念念不忘自己是中国人。母亲邓水河为台北人，在永乐町"发记"茶行当高级职员。哥哥翁泽生从小受进步思想影响，民族思想觉悟迅速提高，并热衷于反日救国运动，于 1921 年来大陆参与革命活动，1925 年参加中国共产党并创立台湾共产党。1936 年，翁父因操劳过度早逝，哥哥翁泽生则常年在外，家里只剩下翁母和冯志坚两人惨淡度日。

冯志坚从小就受哥哥影响。翁泽生在大陆求学时，常利用寒暑假回台湾探亲，宣传社会主义新思想，组织台北青年开展反日斗争。台湾民众也把从大陆返台的青年视为祖国的化身，纷纷邀请他们参加各种演讲会和座谈会。当时在台湾曾轰动一时的"太平公学事件"，就是台北太平公学校友会邀请翁泽生去演讲而引起的。这段时间，翁泽生对冯志坚的思想产生了重要影响。1931 年 9 月至 1932 年 3 月冯志坚在漳州闽南医院做护士期间，翁泽生恰好出任中共中央两广巡视员，曾从一个衣箱底层拿出《共产党宣言》等革命书籍，让冯志坚阅读。

在新加坡：与华人进步青年心系祖国

上个世纪 30 年代初，冯志坚曾数次失业在家，哥哥又参加革命在外并于 1933 年被捕，而其父病重，其母年迈且双目失明。由于当时就业非常艰难，加之当时福广两地一直有"下南洋"之风，冯志坚出于家庭经济困难，于 1934 年 10 月去新加坡谋生。在新加坡，冯志坚在一家日本人开的医院（同仁医院）里当翻译，同时护理住院病人，其所挣的钱几乎都邮寄给家里，对解决其家庭经济困难帮助很大。冯志坚在新加坡 4 年期间，日本对我国步步紧逼，1937 年卢沟桥事变后更撕破假面进行全面侵华战争。新加坡的中国进步青年开始议论救国之事。因为工作关系或志同道合等原因，冯志坚先后认识了华人青年叶明英（回国后叫白水）、辜俊英、吴天等人。这些人在一起时就谈论抗日救国大事。在新加坡时，冯志坚在叶明英的介绍下认购了救国债券，还写了"救国无罪"的爱国文章。在辜俊英回国奔向延安之后，冯志坚鼓励并出路费助叶明英回国。叶到延安后给冯志坚寄回一些简报，冯志坚从中知道了更多关于国内的情况，而当时还在新加坡的吴天则送给冯志坚一本斯诺写的《西行漫记》。

在延安：抗日战争中体现出一个台湾女儿的坚强意志

在叶明英的鼓励下，冯志坚辞职并和张仲超、王业运一起从新加坡乘船赴香港。在港期间，廖承志曾派秘书交给冯志坚一封信，嘱咐其带到延安。当时恰逢新加坡司机回国服务团要去延安，他们有两辆汽车要赠送，于是，三人就随众司机一道乘这两辆汽车出发奔赴延安。

1938 年 11 月，冯志坚一行到达西安，后由刘澜波同志带队进入延安，并成为到延安参加抗日的第一位台湾女性。冯志坚等人到延安后住在交际处，交际处工作人员杨勉同志接待他们。冯志坚将信经由杨勉转交组织部。打开后一看，是廖承志写给陈云的。信上写着："我们秘书长的妹妹翁阿冬（当时其名实为翁阿冬）来了。"至此，冯志坚方知，其兄可能与陈云、廖承志是战友。

到达延安后，为避免累及台湾的亲友，冯志坚接受陈云的建议，将名字改为"冯志坚"，表示为哥复仇，以及坚决抗日的决心。在延安期间，冯志坚曾在中央印刷厂做日文校对，参与对日宣传工作；还曾在"日本工农子弟学校"参与改造日本战俘的工作。解放战争后期，冯志坚被调去做安置和教育刚从台湾来入伍的台湾爱国青年的思想教育工作。

延安的生活条件与新加坡有天壤之别，加之她只懂日文，汉语程度较差，又不会讲普通话，与同志、群众沟通都有困难，而组织还交代她不得轻易公开自己的身份。这些都让她非常孤寂，但为了抗日，冯志坚正如其自身取的名字一样，意志坚强地挺了过来。1939年，其兄翁泽生在台北被日本人折磨致死，消息传到延安，冯志坚极其悲痛，立誓要"把血泪变成锐利的刺刀，刺在每个敌人的身上"。

1945年10月，抗日战争刚刚胜利，冯志坚的丈夫张树华在行军的路上患急病去世，旧仇刚报的冯志坚再次受到空前打击，但久经考验、磨炼成钢的冯志坚，从未诉一声苦，任何天灾人祸都难不倒她，真是人如其名，坚强的台湾革命女性，不愧为烈士的继承人。之后，冯志坚一直过着单身生活，将精力全部扑在工作上。她的儿子张科生曾表示："她工作专注，心无旁骛。在她留下的日记里，从来没有孤独与寂寞这些字眼"，只是"她的内心常常思念生养她的故土，谈起台湾，总会陷入遐思。即使不说什么，那表情也告诉我，她是多么多么的怀念"。革命斗争的磨炼不仅体现在面对生活中的困苦与不幸，还体现在政治上的考验。在延安整风和"文革"期间，冯志坚均受到"误伤"，其内心陷于苦闷和矛盾之中。因为，在当时看来，她是从台湾来的烈士家属，同情的有之，疑虑的有之，不信任的有之。她经受的考验总比别人多。她凭着对信仰的执着和坚强的意志，都挺了过来。她以其行动为自己的名字做了最好的注释：名副其实。

新中国成立后，在1953年3月至1956年8月期间，冯志坚曾在抚顺和太原两个关押日本战犯的地方参与审讯日本战犯的工作，主要是担任翻译工作。其儿子张科生回忆说，翻译战犯口供"是母亲最愉快的日子"。冯志坚经常将受日本战犯迫害的受害人的严词控诉翻译得声情并茂。从中可以感受到，她不仅是为受害人个人，而是为包括台湾人在内的全中国人民在控诉、在审判，包括为他的胞兄翁泽生烈士。也许，她想起了她曾写过的话："我见英魂在九泉之下，也可以微笑……"也许，她想到可以告慰她的丈夫张树华烈士：你可以安息了，你为之奋斗的抗日事业终于以中国人站在审判台上而胜利结束。

之后，冯志坚又被调到南京市工作，担任过南京市妇联主任。陈云、廖承志等人曾过问冯志坚的工作与生活，但冯志坚一直没有提出过分的要求，体现出高尚的品质与觉悟。

李子秀　舍身救国的台胞英烈

李子秀（1922—1946 年），原名吕芳魁，台湾台北人，爱国台胞。1945 年参加八路军并担任晋察冀革命根据地炮兵团教员。

李子秀自幼痛恨日本帝国主义侵略，反对民族压迫，同室操戈，1945 年克服千难万阻，奔赴晋察冀革命根据地，展现出强烈的爱国思想和忘我精神，为提升我军炮兵军事技术做出了不小的贡献。

爱国思想强烈 机智逃脱日本军营

李子秀有三个哥哥，排行老四，父亲是一位忠义刚直的爱国志士。为抵制日本殖民者不准学生读中文书、讲中国话的文化殖民统治，李父专门为孩子们请了家庭教师，晚上在家学习中文。李子秀在父母、长辈、家庭教师的教育下，很快就提高了中文水平，到了中学阶段，他较系统地了解了中华五千年的文明史和屈辱的近代史，熟悉了文天祥、岳飞、郑成功、林则徐等民族英雄的故事，懂得了中国的领土台湾，是日本帝国主义发动甲午战争强行霸占的，目睹了日本殖民者压迫台湾人民的悲惨事实，耳闻了日本侵略者蹂躏中国人民的罪恶行径，由此自幼就树立了反抗日本帝国主义压迫、报效祖国的思想抱负。

李子秀所处的年代，正是日本帝国主义在台湾殖民时期。面对日本残酷的经济掠夺和文化侵略，李子秀的父亲时常吸着大烟袋，面朝西对着祖国大陆的方向念叨："咱们是中国人，咱祖祖辈辈是中国人呵！"李子秀的童年，就是在父辈讲述祖祖辈辈反侵略、反压迫的故事中度过的，这让他从小就萌发出一定要使台湾回归祖国怀抱的强烈愿望。他经

李子秀夫妇结婚照

常对同学朋友说："祖国像大树，我们是青藤，青藤只有依附大树才能站起来生长。"

1939年，李子秀于台湾中学毕业，并于1940年投考伪满公费学校建国大学读书。由于建国大学是日本人为进一步侵略中国而成立的，因此其教学科目多以军事为主。李子秀在认真学习学校课程的同时，参加了地下进步组织"读书研究会"，并阅读了大量进步书籍，认真研究中国现状和历史。这让他很快成熟起来，更加坚定了为解放祖国而奋斗的决心。李子秀还挤时间学习北方话，以借此和外部取得联系，找到抗日队伍。1942年春，李子秀与几个进步同学一起离校出走，拟投奔关内抗日革命根据地，行前他们用鲜血写下了民族英雄文天祥的诗句："天地虽宽靡所容，两淮谁是主人翁。江南父老还相念，只缺一帆东海风"，以示决心，以壮行色。不料被校方发觉，在山海关

将其抓回。

显然，通过自身努力联系革命队伍行不通。碰巧其好友游祯德有亲戚在日本的"台湾同乡会"，给李子秀联系抗日队伍提供了一线曙光。在李子秀等待游祯德与"台湾同乡会"联系的过程中，太平洋战争爆发，日军在中国大陆和东南亚及太平洋战场上接连受挫，伤亡日增，兵员渐渐不足。大学尚未毕业的李子秀于1942年冬与全班同学被日军强征入伍，并被送到日本炮兵学校炮兵科受训。半年后李子秀以优异成绩毕业，并担任日军炮兵三十二联队少尉排长，驻军日本和歌山县。好友游祯德也被分到另一个联队当排长。无论是在台湾，在建国大学，还是在日本军营中，李子秀都一直想着祖国的抗日战争，想着如何设法投身到反对日本帝国主义的斗争行列中去。因此，李子秀多次催游祯德尽快和"台湾同乡会"联系，但一直等到1945年3月，游才与"台湾同乡会"联系上。4月中旬，二人冒着生命危险，身穿日本军官军装，佩戴军刀，借故逃离军营，离开和歌山县，机智勇敢地摆脱了日本宪兵的追捕，经大阪、九州抵达上海，由上海到达北平。在开往上海的轮船上，李子秀面对大海和朝阳，心情无比激动地说："为祖国独立，台湾回归而战的日子终于到来了！"

施展军事才华 献身解放战争

由于当时北平还在日军的占领下，李子秀经台湾同乡、北大教授林耀堂与苏子蘅先生的引荐，才找到中国共产党在北平的地下组织，然后经李建波、张子建、张大中等同志协助，由地下党派人陪同，突破日军重重封锁，于1945年6月抵达晋察冀边区抗日根据地所在地——河北省阜平县。

李子秀在晋察冀抗日根据地受到有关部门热烈欢迎，其赤诚的爱国心和良好的军事素养、精湛的炮兵技术也给根据地干部群众留下了深刻的印象。当根据地领导问他有什么愿望和要求时，李子秀说："我的要求，就是参加八路军，尽早上前线杀敌。"由于正值该军区成立炮兵团，李子秀因曾在日本炮兵受训而成为晋察冀革命根据地炮兵团教员，从事编写反坦克教材，以及训练部队的反坦克技术人员等工作。

1945 年 8 月 15 日，日本宣布无条件投降，8 年抗日战争宣告胜利。消息传来，抗日军民为之欢腾，李子秀在晋察冀军区召开的党政军民庆祝抗日战争胜利大会上激动得热泪盈眶，无数遍地振臂高呼："抗日战争胜利万岁！中华民族万岁！"李子秀也认为，他多年的理想终于实现了。日本投降了，祖国将进入和平建设时期，被日本占领半个世纪的台湾省自然会归还中国，台湾人民终于能挺起胸膛生活了。因此，李子秀在领导的安排下准备和部队一起去北平、天津方向受降，争取早日返回台湾。但抗日战争的胜利并未迎来国家的和平建设，国民党妄图以其军事优势消灭中国共产党领导的人民革命力量，一方面假意邀请中国共产党谈判，另一方面则派军加紧向解放区进攻。李子秀的美好愿望因此破灭。他又积极要求再次回到炮兵团工作，参加对国民党的战斗。1945 年年底，李子秀被分配到炮兵团教导队担任教员，并在培养干部、训练人才的岗位上刻苦钻研，热情忘我地工作。在炮兵团向北行军的途中，李子秀不顾劳累，不仅在宿营后对火炮和瞄准具一一进行检查、保养、擦拭，还耐心向战士们讲解九二步兵炮和日本山炮的构造、性能及操作方法，使一些战士很快熟悉了本团现有的九二步兵炮和日本山炮的使用方法。

在此期间，李子秀按照上级指示，带队清理缴获的日式武器、弹药和地雷。在清理过程中，由于一些启封待用的防步兵地雷和反坦克地雷混杂在其中，十分危险。李子秀不顾生命危险，凭着对日军装备的深刻了解，一件一件地往外搬。经过 10 天努力，李子秀把各种武器弹药分得一清二楚，造表报送上级。在清理武器的过程中，李子秀还发现了一些日军文件和资料。其中有两本教材，一本是介绍日本 5 种火炮的，一本是讲解团以下火器的，非常重要。一段时间以来，我方部队缴获、接收了很多日军武器，正逐步投入使用，但我方炮兵专业人才少，教材奇缺。因此，李子秀立即上报他翻译日本教材的想法，受到上级领导的大力支持，经过 5 个昼夜连续工作，李子秀将这两本反坦克教材编写完毕，很快印了几千册下发部队，李子秀还拟定教学计划，将相关武器的性能、原理和使用方法教给学员，为当时部队大解燃眉之急，李子秀也受到了上级的表扬。

炮兵团还在李子秀的建议下成立了反坦克训练队，由李子秀任教员，尽快总结出经验，然后在其他部队推广，以为各纵队培养使用反坦克武器的干部。接受新的任务后，李子秀同样表现出强烈的责任心和崇高的革命热情，立即编教材，写教案，找教具，天天和战士们一起在张家口西山坡进行研究、训练，使一些同志较快地掌握了火炮直瞄和埋设反坦克地雷的方法。为使训练更加接近实战，李子秀有时也把一部分反坦克地雷搬到训练场地，冒着生命危险进行实弹训练。1946 年 2 月 13 日，李子秀在西山坡排除反坦克地雷的一场意外爆炸中不幸光荣牺牲，年仅 24 岁。

李子秀生前曾经多次表示，将来必定会建立一个新中国，一个包括他的故乡台湾在内的伟大的新中国。那时，他一定要回到台湾去参加建设。他的壮志未酬，就为祖国的革命事业献出了年轻的生命。

李子秀牺牲后，他的遗体埋在张家口的赐儿山。晋察冀军区炮兵团在张家口为李子秀烈士召开了隆重的追悼会。军区首长和当时在解放区工作的 10 多位台湾省籍同志参加了追悼会，李子秀同志的同乡苏子蘅同志致悼词。追悼会的情况发表在当地的报纸——《晋察冀子弟兵报》上，该报赞扬说："李子秀同志是台湾的革命青年，亦系我军中宝贵的军事技术人才"，"对我们炮兵团军事技术的提高上作了不小的贡献"。

为国舍弃儿女情 李子秀烈士千古

李子秀在日本归国前，曾与一位名叫秀子（后改名宝秀）的台湾姑娘相恋结婚，并生一子，名叫吕峰政。李子秀忠于祖国、孝顺父母、挚爱妻儿，但忠孝慈爱难两全，他割舍孝、慈，献身祖国，抗日杀敌的想法在得到父母和爱妻的理解与支持后，便义无反顾地逃出日本，奔赴到祖国。从北平到解放区也要经过道道日本封锁线，既为安全，也为怀念慈母与爱妻，他将"吕"姓改成母姓"李"，将"芳魁"改为"子秀"，既取了妻子的名，又具有男子的名讳特征。由此可见，当时台胞投奔祖国抗日，参加抗日战争的信念是多么的坚定。但令李子秀始料未及的是，来到祖国不久便与慈母、爱妻永诀。

上世纪 80 年代，李子秀的建大同学、当年相约出逃的战友游祯德，从日本来大陆经商做生意时，在张家口档案馆找到了李子秀的下落。时任中共中央政治局委员、全国政协主席邓颖超同志指示，在张家口烈士陵园为李子秀修建纪念碑，时任中共中央政治局委员、中央军委副主席、原晋察冀军区司令员聂荣臻为李子秀烈士纪念碑题词：爱国台胞李子秀千古。1984 年 9 月，张家口市政府为李子秀重修了纪念碑。碑文中高度赞扬李子秀："炎黄子孙血沃中华，烈士英名永垂千古！" 1992 年 4 月 21 日，在游祯德的陪同下，李子秀的妻子宝秀和儿子吕峰政在李子秀烈士纪念碑前祭奠，诀别近 50 年的夫妻情、父子情，终于在此得以告慰……

宋斐如　抗日战争中的"台籍精英"

宋斐如（1902－1947年），原名宋文瑞，台湾台南人，祖籍福建同安。于台北商工学校毕业后赴大陆求学，进入北京大学经济系就读。1924年创办并主编《少年台湾》杂志。1930年，自北大毕业后留任助教，创办《新东方》杂志，撰文介绍台湾抗日斗争，并痛斥日本殖民统治。1931年转任冯玉祥将军的研究室主任。1937年担任孙科所主持的中山文化教育馆研究员，随后赴

宋斐如

日本东京大学研究日本国情。"七七事变"发生后，旋即回国参加抗战，并为《抗战》、《民族战线》等多种刊物撰稿，宣传抗日救国。1938年后，辗转汉口、香港、桂林、重庆等地，继续宣传抗战。1941年，与李友邦、谢南光等人在重庆组织"台湾革命同盟会"，担任执行委员及中央常务委员，为"保卫祖国，光复台湾"奔走呼号。1945年台湾光复后，返台创办《人民导报》任社长，并被陈仪任命为台湾省行政长官公署教育处副处长，但因《人民

导报》刊登国共和谈等敏感文章，引发国民党当局不满，相继离任社长、副处长。1947年，在"二·二八"事件中，遭国民党当局秘密逮捕杀害。

宋斐如，原名宋文瑞，曾用名宋瑞华、宋端华，笔名有蕉、蕉农、宋蕉农、沉、沉底、永瑞、剑华、奔流等。1902年农历七月初八生于台湾省台南县仁德乡（日本殖民时期称台南厅文贤里大甲庄二五番地），祖籍福建同安。

创办《少年台湾》杂志 积极参加抗日宣传

1922年3月，宋斐如毕业于台北商工学校，随后来到大陆求学，入读北京大学预科，之后进入北京大学经济系就读，从此改名斐如。到北京后，他在台湾同乡赞助下，创办并主编《少年台湾》杂志，撰文抨击日本殖民统治者对台湾民众实施的愚民政策，大声呼吁台湾民众抛弃迷信："脑筋顽固的老百姓以及士绅们，若不早些醒悟，痛快改除一切之迷信，则沦为更苦惨的奴隶，变成刀下肉，民族自杀的终局，必可立待。"

1930年，宋斐如自北京大学经济系毕业后，一边留校担任助教，一边从事编撰及翻译工作，同时创办《新东方》杂志，译著《台湾民众的悲哀》一书。在此期间，宋斐如发表《"德化政策"下的台蕃暴动》一文，介绍台湾原住民英勇悲壮的"雾社事件"，历数日本殖民当局的罪恶，呼吁被压迫的台湾民众起来反抗日本殖民者的统治，引起一定社会反响。

1931年，宋斐如离开北京大学，追随抗日爱国将领冯玉祥赴察哈尔抗日，担任冯玉祥麾下泰山读书研究室主任。在此期间，宋斐如组织李达等进步学者为冯玉祥将军及其部属讲授唯物辩证法、世界经济等，并向他们介绍世界反法西斯形势及日本国情。与冯玉祥的相处中，宋斐如的才干与人品均得到冯的肯定，冯评价其为"文字活而轻视人，而人似尚慎重"。

1937年，宋斐如转任孙中山之子孙科主持的中山文化教育馆研究员，不久后赴日本东京大学做研究。当年，"七七事变"发生后，宋斐如旋即回国，积极投身抗战。宋斐如利用其"文字活"的特长，接连为《时事类编》、《民族战线》、《抗战》、《时事月报》、《世界知识》、《中苏文化》等刊物撰稿，向民众介绍其对日本国情的了解，并发表其对抗日战争的看法。1938年，宋斐如在汉口创办《战时日本》。10月，汉口沦陷，宋斐如被迫迁往香港，随后转往桂林，任职于《广西日报》。尽管随着抗战局势发展，宋斐如不断在祖国各地迁徙，但不管到哪里，他都把他的笔当作武器，用以揭批日本帝国主义的丑陋嘴脸，号召包括台湾同胞在内的所有中华儿女投身抗日。

组织"台湾革命同盟会"投身抗日救国运动

1941年，宋斐如来到国民政府陪都重庆，与台湾抗日友人李友邦、谢南光等人，组织"台湾革命同盟会"，并担任执行委员和中央常务委员。在"台湾革命同盟会"成立后，宋斐如便积极投身台湾光复运动，不断联合台湾同志向当时的国民党政府呈请收复台湾。

为实现台湾革命同盟会"保卫祖国、光复台湾"的目标，宋斐如联合东方文化协会、台湾义勇队、世界反侵略协会、战时日本研究会、朝鲜义勇队、日本人民反战同盟等22个团体，发起"台湾日"活动。活动中，宋斐如负责报告"台湾的惨状和祖国的责任"。经过宋斐如等台湾同胞的不断努力，"台湾日"活动影响逐渐扩大。时任国民党中央党部副秘书长吴铁城、立法院院长孙科、军事委员会副委员长冯玉祥、总政治部副部长梁寒操等人均到活动现场致辞，勉励收复台湾，国民党当局也随后确定每年4月5日为"台湾日"。

在不断宣传光复台湾的同时，宋斐如还参与"中苏友好协会"，担任干事，并复刊《战时日本》。1942年9月，中国国民党台湾党部筹备处在江西泰和成立干部训练班，招训从事台湾革命的优秀青年，宋斐如出任教育长。在3个月的训练中，宋斐如与学员朝夕相处，除教授政治课程外，还亲切关心照顾各位学员，并阐述有关如何收复台湾的问题。宋斐如主张："收复台湾首先需从收揽台湾同胞人心下手，收揽台胞人心之妙，在于运用民族主义，祖国积极宣布台湾人即中华民国国民，祖国已为收复台湾而苦心孤诣。其次争取台胞内向，而此则必须先复活台胞的民族主义，然后打开国门，公开承认台湾人的国族关系，确定台湾人的政治地位。"此后的一段时间，宋斐如还先后在中央训练团的党政训练班和军事委员会的战地党政委员会工作。

随着抗日战争形势日渐明朗，国民党政府收复台湾的方案逐步具体化。在《开罗宣言》宣布战后东北四省、台湾和澎湖列岛等归还中国后，当时的国民党政府于1944年4月设立"台湾调查委员会"，负责搜集有关台湾问题的资料，也研究台湾各界意见及收复台湾的各种方案。1945年1月，宋斐如被聘为此委员会专任专门委员，并同时兼任"台湾行政干部训练班"的导师。

返台创办《人民导报》针砭时弊得罪当局

1945年8月15日，日本战败投降，台湾正式回到祖国的怀抱，宋斐如等台湾同胞终于迎来了他们期盼已久的台湾光复。台湾光复后，宋斐如等台湾志士相继回到他们所熟悉的土地，开始了重建台湾的工作。10 月 5 日，宋斐如随赴台接收的"前进指挥所"人员返抵台湾，并被时任台湾行政长官陈仪任命为教育处副处长，成为当时台湾行政长官公署高层官员中唯一的台籍人士。

担任教育处副处长后，宋斐如随即展开了对台湾文化教育的改造工作，为台湾文化教育的去殖民化做出了重要贡献。在接受台北广播电台采访时，宋斐如谈到"如何改进台湾文化教育"时指出，台湾的文化原本是汉明正统，但受到日本 50 年的殖民统治，尤其是受到日本殖民当局奴化教育及皇民化政策的影响，台湾的文化内容变得非常复杂，既不是汉明正统，也不是纯粹日本文化，并且因为与祖国隔绝 50 年，台湾并没有赶上祖国的文化进步，也没有跟上世界文化发展的步伐，因此台湾文化"停滞了，衰落了，也走上不纯的歧路"。因此，他认为台湾文化必须改造，并从三个方面入手：

第一，教育 600 万台胞变成主人翁，于此一则要台湾自发自觉，一则要靠文化界教育家的启蒙指导与应拟。第二，要使"归宗"二字名副其实，教育台胞能辨别是非、真伪，使其择其善者而学之，不善者而弃之。第三，应培养台胞成为世界人。

面对着"在日本和服之内还保留了一些汉装"的台湾文化，宋斐如呼吁要以长江大河、五岳长城的雄壮观念，灌注给台湾同胞，让台湾同胞接受新潮流与新的人生观，彻底抛弃日本"盆栽文化"的影响，扩大格局，回归到汉文化的正统中来。担任教育处副处长期间，宋斐如还经常深入基层视察，勉励教育工作者"栽培台胞成为中华民国的主人"。

在担任教育处副处长的同时，宋斐如与郑明禄、苏新等人于 1945 年 12 月经陈仪核准，筹办《人民导报》，以协助台湾行政当局传达民情，倡导"台湾新文化运动"。1946 年 1 月 1 日，《人民导报》正式创刊，宋斐如任社长。在创刊词中，宋斐如这样写道：

> "有人以为台湾的文化教育程度已经相当的高，但这也只是片面的观察"，"台湾的物质文明或已建立了基础，但是上层的精神文明却还在荒芜中"，"台湾因为日本帝国主义实施殖民地政策奴化教育的结果，充其量是完成了文化的畸形发展，台湾文化的正轨和合理发展，还有待于此后的开拓"，"今日台湾的文化必须侧重于启蒙、发扬和沟通，我们有鉴于此，爰特创刊本报，用以启发过去的闭塞，发扬固有的祖国文化，沟通国内外的消息和论说，宣扬政府法令，报道民间隐情，以期建设三民主义的新台湾"。"本报愿为台湾文化的扫雷艇、新文化的播种机，使台湾文化走入正轨"。

在宋斐如主持下，《人民导报》成为一份敢说敢言的民间报纸。但是，正因为敢于揭露当时台湾社会的黑暗，敢于抨击时弊，得罪了当时的国民党政府。创办不久，由于刊登有关国共和谈的敏感文章，引发陈仪不满。在陈仪的压力下，宋斐如于 5 月 8 日辞去社长一职，改任顾问。不过，令原本以为辞去社长就能保住官职的宋斐如没有想到的是，因《人民导报》依旧批评国民党当局惹恼陈仪，最后连教育处副处长一职亦被迫请辞。

1947 年，台湾"二·二八"事件爆发，众多台湾普通百姓因不满国民党政府的统治而遭到逮捕杀害。但外界没有想到的是，原本未参加"二·二八"事件任何活动的宋斐如却意外被卷入。3 月 11 日，宋斐如在台北住所遭国民党特务机构秘密绑架，从此下落不明。在宋斐如失踪之后的头两三年中，有人传说他被沉埋在圆山，也有人传说他被沉尸海底，但至今过去 60 多年，依然无法找到他的遗体。至于其被害原因，直到后世档案解密，才大致揭示相关原委。原来早在 1947 年 3 月 13 日陈仪呈给蒋介石的"办理人犯姓名调查表"中，宋斐如即位列其中。当局罗列给他的罪名共有两条：一是阴谋叛乱首要，组织台湾民主联盟；二是利用报纸抨击政府施政，竭力暴露政令弱点。据相关知情人士介绍，第一点完全是逮捕者自己捏造，第二点则与《人民导报》抨击时弊相关，"宋被抓乃至失踪，《人民导报》只是因素之一，遭人陷害成分居多"。宋斐如被捕后，其妻区严华积极营救，但均无果而终。她自己也因帮助前《人民导报》总主笔陈文彬逃往香港于1949年9月被捕，并于1950年1月以"参加共产党"的罪名被枪决于台北市马场町。就这样，一生致力于抗日救亡运动的宋斐如夫妇竟然以如此结局结束了他们年轻的生命。

林献堂　台湾非武装抗日运动领袖

　　林献堂（1881—1956年），名大椿，号灌园，字献堂，祖籍福建龙溪县（今龙海市）。台湾非武装抗日著名领袖，又被称为"台湾议会之父"、"台湾民族运动领袖"。1910年，林献堂加入爱国诗社"栎社"，以文抗日。1914年，成立"台湾同化会"，为台湾人民争取民权。1915年，集资创办台中州第一高等学校（今台中一中，为台湾人自办的第一所中学），传承中

林献堂

华文化。1920年，在东京创立"新民会"，自任会长，并仿《新青年》创办中文月刊《台湾青年》。1921年，与蔡惠如、林呈禄等台胞向日本殖民当局提出设立台湾议会的要求。同年，参与创办"台湾文化协会"，并担任总理。1923年，成立《台湾民报》，传播白话文。1927年，"台湾文化协会"分裂，与蒋渭水、蔡培火等另行组建台湾民众党。1930年，脱离该党，在台中创立"台湾地方自治联盟"，主张改良式地方自治。1945年，台湾光复，林献堂作为台湾地方代表受邀参加日本投降仪式，后历任台湾省

参议会议长、台湾省政府委员、通志馆馆长等职。1949 年，旅居日本。1956 年病逝于东京。

林献堂 1881 年出生于台湾望族雾峰林家，人称"阿罩雾三少爷"。父亲林文钦为清末举人。1894 年，日本发动甲午战争，翌年清政府战败，被迫签订《马关条约》，割让台湾澎湖列岛。这一变局彻底打乱了林献堂原本平静祥和的生活。随后日本殖民者残暴的统治更在年幼的林献堂心中烙下难以泯灭的伤痛。在台湾岛内此起彼伏的反抗斗争感染下，林献堂蓄下抗日大志，并在随后的岁月里成长为台湾著名的非武装抗日运动领袖。

组织诗社以文抗日

1895 年，台湾被清政府割让给日本。因林献堂之父林文钦旅居香港，林献堂遂奉祖母之命以 14 岁之幼龄率家族 40 余口内渡泉州避难。6 年后，林献堂之父去世，林献堂开始接掌家族制糖及制樟脑事业，并逐渐成长为家族的代言人。

1902 年，由于日本殖民当局残酷的压制，台湾武装抗日斗争转入低潮。时年 21 岁的林献堂决心以文抗日，开展非武装斗争。1910 年，林献堂加入在台中雾峰林家花园——莱园成立的诗社"栎社"，与众多诗友一起，以吟咏唱和之名暗中讨论抗日之事。这一诗社是日本殖民时期台湾诗人组织的第一个诗社，虽是"以文会友、以友辅仁"的社团，然而所作诗歌并非吟花弄月的无病呻吟，而是多为缅怀故土、歌咏乡情的作品，因此称之为"文人抗日的结社"亦不为过。当时，台湾各地诗社、文社皆以莱园"栎社"马首是瞻，主持诗社的林献堂由此被誉为"迷茫年代的掌灯人"。

1907 年，林献堂在日本奈良巧遇维新运动领袖梁启超，他们以诗传情，共话中华民族的命运，开启了一段两岸名人交流的佳话。初次见面时，因林献堂操闽南语，梁启超讲广东话，言语不能沟通，于是两人乃以汉字笔谈。林献堂问："我们处异族统治下，最可悲痛者，尤无过于愚民教育，处境如斯，不知如何可以？"梁启超则感慨："本是同根，今成异国，沧桑之感，谅有同情！今夜之遇，诚非偶然。"而当林献堂向梁启超倾诉台湾同胞之不幸，并请教如何抗日时，梁启超坦率地写下："中国今后三十年，断无能力帮助台人争取自由。故台胞切勿轻举妄动，而供（作）无谓之牺牲，最好仿效爱尔兰人对付英国之手段，厚结识日本中央政界之显要，以牵制台湾总督府之政治，使其不敢过分压迫台人。"在梁启超此番言论启发下，林献堂更加坚定了非武装抗日的决心。随后的 1911 年 3 月，梁启超受林献堂之邀赴台访问，并下榻林家花园莱园五桂楼，在与"栎社"诗友共抒爱国热情，写下《莱园杂咏》10 首传世之作的同时，与林献堂共商非武装抗日大计。1913 年 3 月，林献堂则应梁启超之邀，来北京游历。除游览颐和园等皇家古迹外，还在梁启超引荐下，拜访了当时袁世凯内阁的一些官员。

创办中学传承中华文化 成立"同化会"追求民族平等

在梁启超改良主义思想影响下，林献堂开始了以教育传承中华文化、抵制日本殖民政策的辛苦历程。当时，日本殖民当局为扼杀台湾民众的反帝抗日思想，竭力推行奴化教育，规定学校一律使用日语作为教学语言，并且还要求小学每月一、八、十五都要按时参拜神社，要求中学生上学前需打扫日式神龛，到校途中若遇神社必须敬礼，到校后要向天皇肖像行礼，每天朝会升日本国旗后必须遥拜宫城等。在此情况下，中华民族的传统文化面临异族文化的毁灭性打击。于是，一些台湾有识之士开始针锋相对，秘密开办"私塾"（书房）进行汉语教学，以抵抗日本的殖民教育政策。

在此背景下，林献堂创立了台湾人自办的第一所中学。1913年，林献堂接受堂兄林纪堂、林列堂赞助，并联络中部士绅辜显荣、吴德功、蔡莲舫，以及北部的林熊徵等，向总督府请愿，表达成立台中中学的意愿。经林献堂等人不懈努力，专门招收台民子弟的学校台中州第一高等学校（即今台中一中前身）终于在1915年5月正式开校。这所学校的成立是台湾本土士绅为台湾人争取教育权迈出的重要一步，也是台湾民众抵抗日本殖民教育的重要一步。学校成立后，日人矢内原忠雄为此惊呼："这是台湾民族运动的先声。"

1914年12月20日，林献堂等一批岛内改良派知识分子与日本退休政要、明治维新功臣板垣退助在台北正式成立"台湾同化会"。他们期望通过这一组织"以文化之名行争取民族平等待遇之实"，并期待该组织能"疏通岛内民众与日本殖民当局的意见，为岛内民众争取与日本国民同等的待遇"。"台湾同化会"成立之初，一些富有阶层人士及知识分子秉着希望殖民统治者能给他们一些"民权"、改良统治的愿望，也积极加入该组织。一时之间，这个由一群日本失意政客、退休官僚、浪人，及落魄文人为班底，集合了一群天真台湾人的"同化会"组织得颇有声势。尤其是那些台湾会员，或成立俱乐部，或开办学校，或收买报章杂志，怀揣希望展开了一系列社会改良运动。然而，日本人同意这一号称民族平等的"台湾同化会"成立，本意是想借此同化台湾人，瓦解台湾民众抗日意志，分化台湾反抗力量，但主事的林献堂等人却强烈要求民权，为台湾民众向日本殖民当局争取平等待遇，因此最终与日本殖民当局产生矛盾。1915年2月20日，该组织便被日本殖民当局下令解散。接着，林献堂等人创办的台中州第一中学也面临停办，岛内争取民族平等运动陷入低潮。

创办《台湾青年》、《台湾民报》推动新文化运动

第一次世界大战后，全世界掀起了一股追求民主自由、追求民族平等的浪潮。在这波浪潮中，大陆兴起的新文化运动以及反帝反封建的"五四运动"对正在追寻出路的台湾知识分子影响至深，不仅给他们带去深刻的启发，也给他们的抗争以极大鼓舞。1920 年，在日本东京的一次台籍留学生聚会上，爱国学生们形成共识，"必须从新文化运动着手，提高民族意识，改革社会风气，作为争取自由、反对日阀专制统治的凭借"。身在日本的林献堂于是联合留日台籍学生，在东京创立"新民会"，并自任会长。"新民会"还仿效北京的《新青年》，创办台湾人自己的政论杂志《台湾青年》。

"新民会"成立之初，原本纲领是要谋求台湾的自治，但林献堂考虑到完全自治的要求势必引起日本殖民者的强烈反应，甚至招致更为严苛的镇压，对台湾民族解放产生负面影响。于是，林献堂将该组织的重点放在争取台湾人的参政权上。几经斟酌，林献堂利用《台湾青年》这一平台，向日本殖民者发出了"废除歧视台湾人的'六三法'，允许台湾人参政"的呼声。与此同时，林献堂还在日本政界人士中频频展开活动，寄望新任台湾总督田健治郎同意他们的要求。然而，原本同意废除"六三法"的田健治郎事后反悔。林献堂于是组织新民会会员及台湾留日学生 400 多人在东京举行了撤废"六三法"的游行集会，以表达不满。

遭受挫折的林献堂等人，于 1922 年将《台湾青年》更名《台湾》，此后又将其改为《台湾民报》。次年，林献堂等人还在台南成立"白话文研究会"，将工作重心转向白话文的推广传播工作。林献堂等人依托

《台湾民报》这份白话文书写的报纸，不仅刊登大陆的新文化作品，而且发表了在上海学习的台湾人许乃昌的《中国新文化运动的过去、现在、将来》一文，介绍大陆新文化运动的相关情况。1924 年 9 月，该报还发表了台湾青年张我军的《致台湾青年的一封信》、《糟糕的台湾文学界》等文，猛烈抨击"暗无天日、愁云暗淡、百鬼夜哭、没有一丝活气"的台湾文学界，并介绍陈独秀与胡适等人的文化革命理论与新文学作品。这些文章强烈地激荡了台湾文坛，引起岛内关于新旧文学的论战，为台湾普及白话文做出了不可磨灭的贡献。

发起"台湾议会设置请愿运动"组建台湾首个合法政党

第一次世界大战后，为台湾民众争取权力，设置参政议政的议会成为林献堂等台湾士绅积极追求的目标。

在 1921 年至 1934 年间，林献堂共向日本殖民当局提出 15 次请愿，要求设置台湾议会。1921 年 1 月 30 日，林献堂联合蔡惠如、林呈禄等人在东京征集了 178 名台胞的签名，向日本帝国议会提出《台湾议会设置请愿书》，要求设立一个由台湾民众选出的议员组成的台湾议会。虽然日本帝国议会拒不受理请愿书，但这场请愿运动还是在日本政坛引起不小反响。台湾总督田健治郎被迫请求议会对"六三法"进行些许修正，日本政府也颁布了所谓的《台湾总督府评议会管制》，决定任命、特聘 20 人为评议员。林献堂等 9 名"新民会"骨干接到了"评议员"的聘书。1922 年 2 月，林献堂、蔡惠如等人又征得 512 名台胞签名，再次向日本帝国议会提出请愿，强调设置台湾议会的重要性，反对日本政府的同化政策，但仍遭到日本帝国议会拒绝。5 月，因林献堂等人返台讲述第二次请愿经过，触怒日本殖民当局，林献堂等人的"总督府评议员"职位被撤，并受到监视。

在积极呼吁设置台湾议会的同时，林献堂还联合蒋渭水、蔡培火等进步人士，于 1921 年 10 月在台北静修女校发起成立了"台湾文化协会"，林献堂被推举为总理。该组织以提高台湾民众文化素质，启发民智，唤醒台湾同胞的民族意识，摆脱日本殖民统治，改革社会为宗旨，提出"反对民族差别"、"反对奴化教育"、"获得参政权"等口号。通过发行会报、文化丛书，设立读报所，举办讲座讲演，组织剧团到各地巡演等多种形式，传递来自祖国的消息，抗拒日本的殖民统治，并传播中华文化。这一组织成立后，便与"台湾议会设置请愿运动"、"《台湾青年》杂志社"并称为台湾非武装抗日运动的三大主力。不过，"台湾文化协会"随后发生分裂，以林献堂、蔡培火等上层知识分子为代表的右翼，站在改良主义立场，主张采取口头请愿方式，希望在日本统治下实现所谓的"地方自治"；而以王敏川、连温卿等社会知识分子为代表的左翼，坚决主张在台湾进行阶级斗争，以彻底推翻日本帝国主义的统治；而以蒋渭水为代表的小资产阶级知识分子，则彷徨于两者之间。

1927 年 10 月，林献堂、蒋渭水、蔡培火等脱离"台湾文化协会"，另行组建"台湾民众党"，宣示"确立民本政治"、"建立合理的经济组织"、"改革社会制度的缺陷"等三大纲领。这是台湾历史上第一个合法政党，也标志着台湾新兴资产阶级正式登上政治舞台。但在 1928 年 7 月的第二次代表大会，台湾民众党立场开始"左转"。大会提出修改纲领，要求"对内唤起全台湾人民的总动员，对外联络世界弱小民族及国际无产阶级共同奋斗"。接着，在 1929 年 9 月举行的第三次代表大会上，更进一步宣言"逐渐开展劳动运动，以农工为中心进行全民联合的民族革命斗争"。面对台湾民众党的左倾，林献堂等改良知识分子渐生不满。1930 年 8 月，林献堂等脱离该党，在台中另创"台湾地方自治联盟"，主张"在不抵触日本宪法范围内，实施完全之地方自治"。

　　尽管"台湾文化协会"、"台湾民众党"随后相继被殖民当局取缔，林献堂也两次退出由他亲自发起的这两大团体，但毫无疑问的是，林献堂参与领导的这两大团体对激发岛内民众的民族意识和爱国精神起到了至关重要的作用。

不屈的"民族斗士"

　　1931年9月18日，日本悍然发动"九·一八"事变，侵占了东北全境。当时，一些处在日本高压统治下的台湾民众受到日本殖民者欺骗，相信日本发动战争系"自卫还击"、"师出有名"。此时，作为上层知识分子的林献堂，因能利用收音机收听国际报道，对日本人蓄意发动的这场侵略战争认识清楚。为让更多台湾民众了解日本人发动侵略战争的真相，林献堂以《台湾新民报》（原《台湾民报》，1930年3月29日第306期改称《台湾新民报》）为平台，揭露日本侵略者蓄意侵华的丑恶嘴脸，宣传"心向祖国"的民族主义立场。不过，在日本殖民当局镇压下，《台湾新民报》等中文报刊不久均遭停刊。与此同时，林献堂领导的最后一个团体"台湾地方自治联盟"也被殖民当局取缔。从此，林献堂的非武装抗日运动再度走入低潮。

　　1945年，林献堂终于迎来了胜利的曙光。是年8月，日本宣布无条件投降，台湾光复。10月25日，国民党台湾行政长官陈仪在台北公会堂主持中国战区台湾省受降仪式。林献堂作为台湾地方代表人物受邀参加了受降典礼，并随后率团晋见蒋介石。在与蒋介石交流时，林献堂发出感慨："台胞在过去50年中，不断向日本帝国主义斗争，壮烈牺牲，前赴后继，所为何来？简言之，为民族主义也！"

　　光复后，林献堂历任台湾省参议员、彰化银行董事长、台湾省政府委员、台湾省通志馆馆长、台湾文献委员会主任等职。1946年，林献堂还与台湾各界推举出来的14位代表组成"台湾光复致敬团"回到祖国，前往南京拜谒中山陵，并到陕西祭拜黄帝陵，向中华民族先祖报告台湾回归祖国版图的史实。

此后，林献堂积极经营实业，并借光复后地价暴涨之机，建立起了以收取经营地租为主的大安实业、三五实业。然而，1948年，国民党政府陆续推动"大户余粮收购"、"二五减租"、"三七五减租"办法，在这些政策下，作为大地主资产阶级的林献堂经济来源大幅萎缩，开始对国民党政府失望。因此，1949年9月23日，林献堂以治头眩之疾赴日旅居。此后，虽然国民党当局通过蔡培火等人试图劝说他返台，但林告之"危邦不入，乱邦不居。曾受先圣人之教训，岂敢忘之也。台湾者，危邦、乱邦也。岂可入乎，居乎！"拒绝返台。不过，即使认为台湾是"危邦"、"乱邦"，但滞留日本期间，林献堂仍对祖国充满牵挂。这种爱国之情可从此时写下的"异国江山堪小住，故国花草有谁怜"伤感诗句中略窥一二。1956年，林献堂病逝于东京。这样一位"一生不说日语、不穿木屐，坚持汉民族传统生活方式"的"民族斗士"，到头来却落得个客死东瀛，至死未能返回故土的结局，实在令人唏嘘。

蒋渭水 抗日民族解放运动的先驱

　　蒋渭水（1891—1931年），字雪谷，台湾宜兰人，祖籍福建龙溪（今龙海市）。为日据时期台湾著名的反帝、反殖民运动领袖，被后世誉为"台湾的孙中山"。1910年考入台湾总督府医学校。1916年于台北市大稻埕太平町创立大安医院。1921年与林献堂一起参加"台湾议会设置请愿运动"，并发起成立"台湾文化协会"。1923年，因"治警事件"入狱。1927年，"台湾文化协会"分裂，退出该组织，先后筹组台湾自治会、台湾同盟会、台湾解放协会、台政革新会、台湾民党、台湾民众党，曾担任台湾民众党中常委、财务部主任。1928年，领导成立"台湾工友总联盟"进行阶级斗争，并向国际联盟控诉日本在台贩售鸦片特许制与雾社事件。1931年，因伤寒病逝。

蒋渭水

　　1891年2月8日，蒋渭水出生于宜兰。由于父亲蒋鸿章在宜兰城隍庙以命理为业，年幼的蒋渭水一度周旋于庙宇之间，甚至做过类似乩童。1895 年，清政府将台湾割让给日本，一夜之间台湾变成无依无靠的孤儿。当时，尽管蒋渭水之父蒋鸿章子女成群，家贫落魄，但仍坚持不让蒋渭水接受日式教育，而是在蒋渭水 10 岁时，将其送入束脩不菲的私塾，受业于宿儒张镜光，接受传统的汉文教育。这为蒋渭水日后在与日本殖民者抗争时强烈的汉民族意识打下良好基础。

悬壶济世　广交友朋

17 岁时，蒋渭水之父在"识时务"的友朋劝说下，将蒋渭水送至新式学堂宜兰公学校，接受新时代教育。1910 年，蒋渭水考入台湾总督府医学校（今台湾大学医学院），接受现代医学与文明教育。在学期间，蒋渭水表现优异，据其同学回忆，"蒋氏在求学中已崭露头角，凡诸课程，成绩都优，且与人交，素重信义，早著声望，每次票选组长级长，辄以大多数中选，凡为组长级长，做事努力，侪辈颇服之，即善御人也"。在沉重的学业压力之余，蒋渭水还与苏樵山、黄调清、林锦生、曾庆福、杜聪明、李根盛、翁俊明等人加入中国同盟会台湾分会，从事"一些充满民族意识的反抗行为"，比如殴打日本人、密谋至北京暗杀袁世凯等。与此同时，蒋渭水还走出校门，结合另外两所学校的学生，利用课余时间举行学生大会，痛斥日本殖民当局压迫，宣传革命。

1915 年，蒋渭水以该届第二名的优异成绩毕业。毕业后，分发至宜兰医院（现台湾阳明大学附设医院）实习一年。而后于 1916 年在台北市大稻埕太平町（今延平北路二段）开设大安医院，借悬壶济世以接触同胞大众。经过良好经营，开设医院不仅让他广结人缘，得以结交各阶层知识分子，也为他赢得不少物质上的回报。在开设医院同时，蒋渭水还经营饼店、"东瀛商会"等。1917 年，在取得宜兰名酒甘泉老红酒的代理权后，蒋渭水更开设"春风得意楼"，延续学生时代参与政治社会运动的热情，经常邀集医师、学生与社会进步人士，讨论有关台湾社会弊病与兴革方法。学生时代的蒋渭水锻炼出了"头脑明晰、果断、具有组织之性格"，这为今后的政治社会运动奠定了坚固的根基。

参与"台湾议会设置请愿运动"

1921 年，在全球民族解放运动热潮激荡下，林献堂等台湾士绅发起了为台湾同胞争取民族平等的"台湾议会设置请愿运动"。蒋渭水在看到《台湾议会设置请愿书》后，觉得"和我的主义，大有暗中相合"，并认为议会请愿运动是当时"台湾人唯一无二的活路"，因此主动与林献堂联系，参与到这场轰轰烈烈的政治社会运动中，并担任第三次（1923 年）、第五次（1924 年）上东京请愿的委员。

议会设置请愿运动兴起后，日本殖民当局决定软硬兼施予以取缔。但在林献堂等人坚持下，议会设置运动仍如火如荼展开。1923 年，蒋渭水与蔡培火等人商量，决定成立"台湾议会期成同盟会"，"专以促进台湾设置特别立法议会为目的"，并于当年 1 月 30 日向台北市警察署提出结社申请，但最终遭日本殖民当局禁止。结社遇挫后，蒋渭水等人趁赴东京请愿之机，在《台湾》杂志社楼上筹备再建"台湾议会期成同盟会"，并决议将社团总部由台北改为东京，再向早稻田警察署提出结社申请。这次并未接到禁止命令，因此蒋渭水等人便于 2 月 21 日在东京《台湾》杂志社举行"台湾议会期成同盟会"成立大会。日本殖民当局对蒋渭水等人成立的这一组织，起初并未干涉，但在 10 个月后却忽然以违反"治安警察法"第八条第二项规定为由，对该会会员及有关人员进行"北迄宜兰，南至高雄"的全岛性大检举，最终拘押 41 人，搜索或传讯 58 人，因而造成轰动一时的"治警事件"。这一事件虽使蒋渭水等 18 人被判入狱，暂时失去了人身自由，但也深刻影响到当时的政治社会运动，强化了台湾同胞的民族正气，锻炼了蒋渭水等民族运动领袖，并鼓舞了一波又一波的政治社会运动。

"治警事件"的发生虽让蒋渭水身陷囹圄，但也给蒋渭水静心学习、提高理论修养提供了大好机会。"治警事件"发生时，蒋渭水被拘留 64 天，"治警事件"审理后，蒋渭水又被关押 80 天。在这 144 天中，蒋渭水"几乎忘却身在这局天蹐地的狱里，恍惚是居天下之广居，行天下之大道的路上，做跃跃进取的工夫"，"我这狱中是谈笑有英雄，往来无白丁的家宅"。两次入狱，蒋渭水都携带"百数十种"书籍，作为"狱中的精神食粮"。由于他的好学，使得这段狱中生活仿佛"入学"一般，一些"平生所爱读而未有功夫读"的书籍此时得到弥补。据蒋渭水《入狱日记》、《狱中随笔》记载，"这回入狱，读破了一部政治经济科讲义，饱充平生的愿望"，"犹如去了早大（早稻田大学）一般，而今已毕业早大了"。这些阅读不仅丰富了他的精神世界，在现实世界也为他赢得尊重，甚至连狱中的鲈鳗（流氓）也要尊敬地说："文化头的蒋先生来了。"通过这次狱中学习，蒋渭水的知识水平与思想境界均发生转变。从蒋渭水在"台湾文化协会"讲座所讲的科目可见，在"治警事件"之前，他所讲的仅是"通俗卫生"等医学课程，而出狱后却开设"文化主义"、"明治之文化"、"明治时代之政治发达史"、"政治哲学概论"、"社会病"等课程。可见，经过这段时间的磨炼，蒋渭水的思想得到强力武装。与此同时，蒋渭水也创作了大量作品，其《入狱日记》、《狱中随笔》便是这一阶段作品的代表，而将其发表在《台湾民报》后，更成为岛内监狱文学的首见之作。

组织"台湾文化协会"启发台胞民智

在热情参与定期的"台湾议会设置请愿运动"同时，蒋渭水还发起成立了经常性团体"台湾文化协会"。

蒋渭水成立"文协"的直接目标便是提升台湾民众的素质，医治他们"知识的营养不良症"，依据"助长台湾文化之发达"的指引，"文协"成立后开展了一系列思想启蒙工作。通过设置读报社与举办各种讲演，为台湾民众进行思想启蒙。1923 年 9 月开始，"文协"陆续举办各种讲习会，并自 1923 年 12 月 8 日至 1924 年 9 月 27 日期间，举办 44 场通俗学术讲座。在蒋渭水等人因"治警事件"被判入狱期间，这些讲座也没有中断。一时之间，"文协"活动四处开花，并在岛内掀起一股启发民智的滚滚热潮。在"文协"影响下，岛内不少其他组织也纷纷跟进，或举办讲座，或开设夏季学校，或组织演讲队，参与到这场文化启蒙运动中来。作为领头羊的"文协"，在 1925 年至 1926 年间，竟然举办讲演次数达 315 场之多，听众达 11 万人以上，蒋渭水也由此四处奔波演讲，变成一位"讲古先生"。随着演讲次数、对象的增多，以及演讲题目涉及具体的社会现实问题，有意无意之间，"文协"的演讲引发了民族意识的勃兴，成为"开本岛农民运动与劳工运动的先河"。也因此，"文协"成为日本殖民当局的"眼中钉"，随后遭到禁止。

发起"台湾民众党"为台胞争取自由

1927 年，"台湾文化协会"因出现左右派的路线之争而告分裂，蒋渭水与林献堂等人在孙中山思想指导下，以"同胞须团结，团结真有力"作为号召成立"台湾民众党"。蒋渭水出任中央常务委员兼财务部主任。在"台湾文化协会"分裂、台湾民众党成立之前,蒋渭水致力的另一项重要工作便是成立文化书局。1927 年 7 月 11 日的《台湾民报》上刊登了蒋渭水关于成立文化书局的一则启事:

> 全岛同胞诸君公鉴:同仁为应时势之要求,创设本局,汉文则专以介绍中国名著兼普及平民教育,和文则专办劳动问题和农民问题诸书,以资同胞之需,万望诸君特别爱顾拥护,俾本局得尽新文化介绍机关之使命,则本局幸甚,台湾幸甚。

这则启事一方面揭示了文化书局的成立方针,另一方面也反映了蒋渭水在"文协"内部左右路线之争时的态度。当时,经过"文协"讲演的激荡,岛内社会出现了两股不同的声音,一些人鼓吹社会改良,期望在日本殖民体制内为台湾同胞争取权利,以林献堂、蔡培火等为代表;一些人则主张阶级革命,进行社会运动以解放台湾同胞,以王敏川等为代表。对于这两种观点,蒋渭水都没有完全认同,他依旧坚持他在文化书局启事中说的"一面从中国名著中找答案,一面又从日本的'劳动问题、农民问题'找答案"。在身为医生的他看来,那些因"文协"左倾而退出的"先觉者"患的是"老衰症",而全盘接受阶级斗争思想的人却患的是"小儿症"。

1927 年 7 月 10 日,蒋渭水与一些退出"文协",却并没有加入左翼主导的"新文协"的成员组织成立了"台湾民众党"。在此期间,蒋渭水作为民众党的催生者与指导者发挥了重要作用。在"文协"分裂之初,新旧干部之间"似有不能同一步调共同合作之势"。1927 年 2 月,一些旧干部(即"文协"的最初创立者)于台中开会,协议组织政治结社,并决定以蒋渭水提案为主,成立"台湾自治会"。但因该团体主张"自治主义",成立不久便遭日本殖民当局禁止。蒋渭水遂将会名改为"台湾同盟会",仍主张"自治主义",不过仍遭当局禁止。1927年5月,蒋渭水等人又将团体改名"台湾解放协会",并修改纲领。在筹备会议上,经讨论又决定将名称改为"台政革新会",以"实现台湾人全体之政治的、经济的、社会的解放"为纲领。在5月20日举行的发会式上,再度决定将名称改为"台湾民党",并发表大会宣言:

> 台湾民党就是应时势的要求而出现的团体,是要去努力奋斗求同胞的幸福的总机关,从事于台湾人全体的、政治的、经济的、社会的解放运动。台湾同胞们啊!赶快觉醒起来吧,农、工、商、学各界齐集于自由平等的旗帜下,集中势力于台湾民党来奋斗。

此番振聋发聩的宣言道出了蒋渭水等民族解放运动先驱的心声,也再次吹响了台湾同胞追求自由平等的号角。然而,成立该党的申请,因纲领中包含"台湾人全体"及"解放"7个字,再次被日本殖民当局禁止,但蒋渭水等人并没有气馁,仍继续筹划新的政党。筹划中的新政党也将纲领做出修改,删除了"台湾人全体"及"解放"等字眼。忌惮台湾同胞争取民族平等的日本殖民当局对修改后的政党纲领虽无异议,但却以"蒋渭水是极端的民族主义者"为由,提出"蒋(渭水)君不得参加"的条件。后来日本殖民当局虽迫于形势做出让步,然而又提出新的条件,称"蒋君若参加,须于宣言书中保障蒋君不能支配大势,并声明不奉民族主义的团体"。这种无厘头的条件,一方面反映出日本殖民当局对蒋渭水的忌惮,另一方面也凸显蒋渭水在岛内民族运动中的地位。对此条件,筹组中的新政党自然不能接受。1927年7月10日在台中举行的"台湾民众党"结党大会上,与会者一致不睬日本警察的"蒋渭水不可当委员"通知,选举蒋渭水为委员,并通过"建立民本政治、建设合理的经济组织以及改除社会制度之缺陷"的政党纲领。

　　台湾民众党成立后，蒋渭水在 1928 年 1 月 1 日发表的《我理想中的民众党》一文中说，"我理想中的民众党要造成'党是台湾人解放运动的总机关'，如像中国国民党是中国人解放运动的总机关一样"。这里说的中国国民党便是孙中山在 1924 年改组的国民党。可见，蒋渭水等人正是在孙中山革命精神鼓舞下，成立的台湾民众党。而台湾民众党也正是参照中国国民党的相关理念，"采取以农工商学各界为基础"，替台湾人谋解放、图幸福。1928 年 7 月 15 日，民众党在台南举行第二次全岛党员大会，会中听取了政务部有关一年来活动的报告，并通过一些重要决议，包括民众党的指导原理、党员的训练、党旗的制定、组织全岛巡回演讲队、确立党与农工团体的关系、设置"政治、经济、劳农"三委员会等。蒋渭水也在会后连续发表《台湾民众党的指导原理与工作》、《请大家合力来建设一个坚固有力的党》、《台湾民众党的特质》、《民众第一主义》等理论文章，进一步阐释民众党的指导精神与奋斗目标。此后的一段时间，民众党不断发展壮大。在"台湾农民组合"因"二一二"事件陷入"受难期"、"文协"因台南墓地事件、台中师范事件主要干部相继入狱处于"整理期"之际，民众党"在政治和党务方面，收到了不小的成效，就是一般民众亦渐渐理解信赖本党的力量"。

　　在领导民众党期间，蒋渭水还发起成立了"台湾工友总联盟"，蒋渭水以"产婆"自居。1928 年 2 月 2 日，民众党中常会开会，讨论地方自治改革问题，并决定创立"台湾工友总联盟"，以期为劳工朋友争取权益。2 月 19 日，台湾工友总联盟在台北蓬莱阁餐厅开会，全岛共有 29 个工友会和店友会团体参加。在此期间，总联盟决议 5 月 1 日为劳动节，并选举蒋渭水、蔡式谷等人为顾问。

　　1929 年 10 月 17 日，民众党在新竹举行第三次全岛党员大会，通过 40 条议案，并通过由蒋渭水等人草拟的大会宣言。这篇宣言无论从结构、内容，还是气魄均已达到世界水准，可说是日本殖民统治时代岛内非武装抗日运动文献中最能在纵观世界形势、中国与日本的形势、岛内形势基础上，以运动团体领导者立场发言的作品。1930 年，在岛内非武装抗日陷入低潮之际，民众党仍有声有色地组织起了一些运动，比如地方自治改革促进运动、反对始政纪念日运动、反对总督府评议员新任命运动、反对盗犯防止法运动、反对日月潭工程再兴运动、减税运动。而最能刺痛日本殖民当局的运动当属"反对阿片（即鸦片）新特许运动"与"揭发雾社事件运动"。其中，"雾社事件"发生后，日本殖民当局试图掩盖事件真相。对此，民众党一方面对内不断报道"雾社事件"的新情况，揭露日本殖民当局的暴行；一方面对外致电日本内阁与民众，要求派员调查真相。而在"反对阿片新特许运动"中，民众党更是致电国际联盟，痛斥日本殖民当局的恶行，引发国际社会关注。

在"反对阿片新特许运动"之后，民众党内部再次因理念不合而出现分裂，林献堂、杨肇嘉等人脱离该党，另组"台湾自治联盟"（简称"自联"）。面对"自联"的成立，蒋渭水在《台湾民众党今后的重要工作》一文中发出呼吁：

> 为使解放运动迅速展开，必先发展民众的斗争意识，欲发展民众的斗争意识，必先使民众分明地认识应该要纠合的同志和应该要打倒的敌人，若同志与敌人的界限认识不清，则解放运动自然很是迟钝，从来我党对这工作无甚注重，致阻碍解放运动的损失实是不少，尤其近来对这界限越弄越是糊涂，更使我们不得不关心……然则谁是敌人？御用绅士、赚钱政商、利权运动家、贪官污吏、土豪劣绅等这种人就是啦。除此以外的农、工、商、学、青年、妇女暨被压迫民众

就是我们的同志啦。

从这篇文章可见，面对林献堂等改良派退出民众党，蒋渭水坚持的是"与农工商学等被压迫民众为友，追求民族解放、追求全民利益"的理念。在蒋渭水主导下，民众党发生转型，随着"自联"成员的退出，创党初期追求的"台湾自治"纲领逐渐淡化，而"以农工为中心的民族运动"的目标却被凸显。在民众党的第四次，也是最后一次全岛党员大会上，蒋渭水提议的纲领修改案获得通过。新纲领政策通过后的 1931 年 2 月 18 日，台湾民众党即遭到日本殖民当局禁止。在台湾总督府发表的禁止理由书中称，"台湾民众党系过去甫行结社即被取缔的台湾民党的后身"，成立以来，领导权渐为"强烈的民族主义者蒋渭水"一派把持，"运动日益矫激，徒出反母国、反官的态度，阻害内（日）台融洽"，称赞中华民国急速整顿之甚于日本维新，所使用的不逊而矫激之言，"暴露出民族自决主义的企图"，致使林献堂、蔡培火、蔡式谷等人相继辞任；而修改的纲领政策，系以"民族运动为纬，以阶级斗争为经"，甚至公然"反对总督政治"，要求"压迫殖民地的民众之诸恶法即时撤废"等主张，"违反统治台湾的根本方针，妨碍内（日）台融合"。

民众党被解散后，蒋渭水、谢春木等人发表"共同声明"，称民众党的被禁名义上虽是日据当局对民众党"有计划的绞杀"，实际上却是"对我同胞的挑战"，进而呼吁"无产市民、青年与妇女"应尽速确立"大众阵营"，以组成统一战线，共同反对日本殖民当局弹压，早日达成民族解放运动的目的。蒋渭水本人也发表专门谈话，总结台湾民众党的工作与精神，继续宣传民族解放运动。此时一些关心台湾政治社会运动的有志之士期望蒋渭水等人能重新组织政党，"以安慰台湾同胞于万一"，但在日本殖民当局压制下，重新组党愿望在蒋渭水逝世前后一直都未能实现。

生命的最后时光与历史回眸

台湾民众党解散之初，蒋渭水等人继续开展大众讲座，开展未完成的民族运动。此时，蒋渭水也经历了一次他期望"能引起热烈理论斗争"的笔战。在这场笔战中，蒋渭水明白地揭示他是一个"很崇拜三民主义"的人，是一个"信仰孙（中山）先生理论"的人。这场笔战成效不大，不仅不如预期热烈，蒋渭水本人还被扣上"蒋家店"的帽子。

然而，最让各界出乎意料的是，蒋渭水竟在此后不久染疾病倒。1931年7月初刚刚生病时，蒋渭水对自己的病情还十分乐观，对旁边友人称，"我的病症为肠病，大概四周间必能痊愈"，蒋渭水甚至还调侃地表示，"这是好久不往别庄（即入狱之意）之代替"。起初，医生诊断为感冒，并未特别注意。在高烧两个星期仍未退去后，蒋渭水才住入台北医院，住院后又延迟一个礼拜才确诊为伤寒。但此时病情已经恶化，医药已无法救治。1931年8月5日，被誉为"台湾人之救主"、"台湾政治社会运动第一指导者"的蒋渭水不幸病逝，享年仅40岁零五个多月。

蒋渭水生病住院之时，"岛内诸友人和社会运动同志，皆异常不安，每日前往慰问者，络绎不绝"，蒋渭水逝世后，岛内民众闻之，"莫不惊惶失措"，有人甚至即刻"袖缠黑布表示哀悼"。临终前，蒋渭水发表遗嘱：

> 台湾革命运动，已进入第三期，台湾人的胜利，已经迫在眉睫，凡我青年同志，务须努力奋斗，而旧同志，亦应加倍团结，积极的援助青年同志，努力为同胞求解放，是至所嘱。

蒋渭水公葬时，日本殖民当局禁止发布这一遗嘱，直到后世才将其刻在台北市六张犁的蒋氏公墓上。蒋渭水由于所患疾病为"法定传染病"，因此死后必须火葬，被送往火葬场途中，突然"苍天低迷、雷电一至，转瞬间骤雨倾盆，恰似为蒋君之长逝而流泪"。尽管如此，各地齐集的1000余名民众仍随灵柩之后"冒雨直进"。8月20日，空前的"大众葬"在台北市永乐座（今迪化街）举行。虽然日本殖民当局不允许发布遗嘱，禁止悼歌，并要求检查悼词，但仍有5000余名民众参与了这场空前的告别会。大会收到悼词60余通，来自南京、大连、上海、厦门、广州、东京等地的悼文悼电更达200余通。追悼现场挂满"忠魂冲汉室"、"精神不死"、"遗训犹存"、"解放斗将"、"大众干城"等悼语，灵堂两旁柱子更悬挂以"大众"冠首的长幅挽联："大义受大名，生据大安作营阵，死埋大直，大梦谁先觉；众民归众望，功凭众志以成城，力排众难，众醉君独醒"。而未能参加葬礼的民众，或默祷志哀，或为文追念，表达心中对这位台湾民族运动领袖的哀痛之情。蒋渭水逝世后，其追随者推出《蒋渭水全集》，但遭日本殖民当局查封焚毁。由此可见，日据当局对死后的蒋渭水仍忌惮万分，可谓是"死渭水吓怕活总督"。

　　回顾蒋渭水的一生，可说是与日本殖民者斗争的一生。自"治警事件"后，他便成为日本殖民当局眼中"煽动民族反感"的强烈民族运动者；此后，每次演讲都遭受日本便服特务的监视；民众党成立之时，日本殖民当局更开出"蒋氏不得参加"条件加以阻止；入院后，日方特务也是每日探寻，禁止发布遗嘱；死后，文集又被禁止。这说明，蒋渭水不仅是台湾政治社会运动的"第一指导者"，而且还是"日据时期最具影响力、最能刺痛日据当局、最能唤醒寂静的民族与社会良知的革命烈士"。

　　而在台湾民众眼中，"蒋渭水三字，就是意味着反抗日本人，尤其是反抗日本警察的语汇"。尽管国民党当局退台初期，因政治需要对这位民族运动领袖颇为冷落，但近年来在岛内学者推动下，蒋渭水的抗日事迹不断为人熟知，蒋渭水也成了岛内朝野共同尊崇的民族运动领袖。为纪念这位被誉为"台湾的孙中山"的历史人物，宜兰市设置有"渭水路"，2006年，台北至宜兰的高速公路也命名为"蒋渭水高速公路"。近年，台当局甚至计划发行印有其头像的硬币，以表彰他对台湾民族解放运动的贡献。

（注：本文写作过程对黄煌雄《蒋渭水传：台湾的孙中山》、丘秀芷《民族正气：蒋渭水传》多有参考）

林资铿　爱国名将之后

林资铿（1878—1925年），字季商，号祖密，又号式周，台湾著名爱国志士。其先祖林石于清乾隆十九年（1754年）由大陆迁徙至台湾彰化，其后林氏第二代又迁至台中雾峰。祖父林文察曾任福建水陆路提督，受封"太子少保"衔。父亲林朝栋深得台湾巡抚刘铭传器重，在1884年法军进攻台湾时率军扼守基隆要塞狮球岭有功，被朝廷加封二品官衔，还曾出任台湾抚垦局局长。母杨水萍也能带兵，1884年抗法战争时

林资铿荣升闽南军司令后的戎装照

曾率6000名家将与乡勇北上支援，在基隆战役中痛击法军，战后被封为一品诰命夫人。林资铿自幼随父经历军旅生活的磨炼，造就了刚毅果敢、忠勇无畏的品格。后长期支持孙中山的革命事业，曾被孙中山委任为闽南军司令和大元帅府参军兼侍从武官，授予陆军少将军衔。1925年不幸为反动势力杀害，牺牲时年仅48岁。

林资铿为台中雾峰林家第七代子孙，其曾祖父林定邦、祖父林文

察、父亲林朝栋皆为一代名将。林资铿的名字为台湾首任巡抚刘铭传所取，林资铿在 12 岁时即随父征战，幼年时代早已熟悉军旅生活，这种生活也培养了他独立、尚武、坚忍不拔的意志。

坚持抗日 誓不委倭

林家素有忠勇爱国的传统，1895 年甲午战争，清政府战败割台，林资铿父亲林朝栋在抵抗无望后，率全家内渡大陆。因林家在台拥有巨额资产，包括水田两千余甲，山地两万余甲，并拥有樟脑专卖权，林父遂又命林资铿返台料理家族产业。临行前，其兄林资铨（字仲衡，号壶隐，台湾诗人，著有《仲衡诗集》）为其赋诗送行曰：

扰扰夷氛遍九州岛，眼中海岛一浮沤；

无多手足难为别，如此关山漫久留。

林资铿奉父命返台管理庞大家产后，更亲眼目睹日本人在台的暴行，因此怀有刻骨铭心的亡国之恨，曾愤慨悲叹道："大汉之民，何能因财富而受辱于倭奴。"林资铿身处日本殖民者高压统治下的台湾，仍坚持往返两岸进行反日活动，先后推动过 1908 年拒买日货及收回鼓浪屿租界万国公地的运动。台湾总督府因而对他十分反感，数度在台湾扣留他，不准他返回大陆。在此后的一连串起义事件中，如罗福星起义（苗栗事件）、张火炉起义（大甲、大湖事件）、余清芳领导的噍吧年（也称噍叭年）起义等，林资铿都给予不同程度的秘密资助。罗福星在被捕后的自白书中承认："祖密有会员万人，将与之联合，共同驱逐日本人。"

为了不变成亡国奴，做一个堂堂正正的中国人，林资铿决定脱离日本籍。经多年艰苦周旋，1913 年春，林资铿将雾峰林家家主地位交由其顶厝家系族叔林朝琛后，通过日本驻厦门领事团提出撤销日本国籍申请，并于同一时间向中华民国政府申请入籍。申请入籍期间，日本总督府屡以高官厚禄相诱，并以兼任台湾制麻会社社长与之交换，但均遭到林资铿的严词拒绝。恼羞成怒的总督府因此没收了林资铿在台湾的山林2万多甲，樟脑作坊500多处。面对日本殖民当局的淫威，林资铿毫不退缩，对于由此而带来的巨大财产损失，林资铿亦无半点后悔，体现了高度的"爱国甚于爱家"的高尚品质。同年，林资铿如愿依中华民国国籍法及施行细则核准获得中华民国国籍，归籍执照号码是许字第一号。林资铿成为自台湾被日本殖民统治以来，内渡大陆者中正式取得中华民国国籍的第一人，林氏家族也引以为傲。

改籍后，林资铿往返于漳州、厦门与鼓浪屿之间，从事革命活动及地方实业建设，名字也由原名资铿易为祖密。后在鼓浪屿，兴建了一座广阔而极幽致的园林式官邸，也称"林公馆"，官邸内雇用日本人数名，名义上称为顾问，实则不然。有人不解林资铿雇用日籍人士的本意，林答称："本人不甘吾台沦入异族日寇之手，自脱离日籍回归祖国以来，每恨无处对日人泄愤，因故意雇用日人，俾得借机召之立于面前，叱以禽生，斥为臭狗，或以日人惯常骂人之马鹿对之，以快我心也。"足见其对侵占我大好河山、欺压我同胞的日本殖民者的满腔仇恨。

实业兴国　支持革命

林资铿当年奉父命返台后，在治产经营上展现出卓越的管理才能。林资铿开设糖厂，与地方士绅投资成立龙溪轻便铁道公司、并铺设铁轨，为雾峰交通和产业发展做出了重要贡献。

1900年10月，孙中山先生赴台北遥控指挥广东惠州起义，起义前夕，孙中山请求林资铿资助革命事业。林资铿毫不犹豫地答应下来，并让孙中山将起义的总指挥部设在其台北寓所，以自身的实际行动支持革命。

1904 年 6 月 13 日，父亲林朝栋逝世，林资铿乘奔丧之机举家迁回厦门鼓浪屿。两年后，林资铿以清世袭骑都卫身份赴大陆，被清朝政府任命为厦门、鼓浪屿租界各国共同居留地取缔工部局议员，并以捐官方式在清光绪三十四年（1908 年）得到"候补道台"资格。此外他还从事樟脑贸易、航运及农垦产业，以维持家族实力。1907 年，漳州水灾，林资铿捐银 5 万，赈济灾民。后又投入巨资，亲自主持创办后港林场、梅花坑煤矿等实业，另外还花费两年时间，疏浚九龙江北溪河道。

1911 年辛亥革命后，林资铿一方面为推翻帝制而欢欣鼓舞，另一方面又深深为国家处于军阀混战状态而担忧。林资铿在国难当头时刻，表现了舍小家顾大家、毁家纾难的高尚品格，无私地变卖家产支持孙中山革命。1914 年，驻厦门护军使黄培松欲委任林任下游清乡督办，林立即于实业百忙之中，聘请厦门海关洋员，每日清晨集合同志24 人，在鼓浪屿作军事操练，以备出征剿匪之用，后因袁世凯称帝而作罢。

1915 年孙中山派其秘书、国民党元老徐瑞霖到厦门拜访林资铿，宣传革命救国大义，动员他参加孙中山创建的中华革命党（国民党前身）。林欣然宣誓加入中华革命党，成为早期投身国民革命的台籍人士。

1916 年袁世凯称帝，林资铿愤然称："篡公殃民，弃义为诈；国且不国，更何有台！"于是捐 50 万银元为军饷，创建闽南革命军，召集漳州、泉州有志之士，积极投身反袁护国革命，这支闽南革命军成为国民革命军的重要力量。

1917 年 9 月，孙中山在广州成立中华民国护法军政府，并自任军

80

政府海陆军大元帅，领导护法运动。1918 年，孙中山任命林资铿为闽南军司令，并授予护法军政府陆军少将军衔。但同年 4 月，皖系军阀卢永祥下辖福建督军李厚基侦知此事，电令厦门镇守使唐国谟逮捕拘禁林资铿，后林资铿得到工部局及各国领事出面干涉而获释。自此事件后，林资铿率队转战闽中，并先后陆续收复永春、仙游、德化、永安等七县。

陈炯明在叛变革命前，曾奉孙中山之命率军进入闽南地区，孙中山出于争取陈炯明而以"兵谋贵于统一"的理由，要求林资铿直接受陈炯明指挥，并改闽南革命军为粤军第二预备队，但林仍为司令，其基本班底亦未曾调动。但陈炯明忌惮林资铿为孙中山信徒与心腹，故对其诸多刁难、多方排挤，不但扣压给养、收缴军械、减撤各级军官，甚至无故杀害原闽南军官兵等。林资铿虽顾全大局隐忍不发，但内心深感痛苦，曾就相关情形向孙中山申诉，感叹曰："受任以来，自耗家资十五万有奇，运动福建全省警备队及厦门两炮台，届时响应，召集闽南军起义，今遇陈炯明，真是一言难尽！"林资铿还亲笔记录其境遇，名为《出山境遇篇》。孙中山亦回复称："来函诸悉。文自去粤来沪已及一年，沪闽远隔，使问未通，对于闽中情形，诸多隔膜，接读来书，殊深恼闷，前年足下担任闽事，来就商略，时竞存（陈炯明字竞存）统兵援闽，文以兵谋贵于统一，乃嘱足下与竞存接洽。今据来书所述，当即转告竞存，嘱其妥为处置，至贵部与竞存既有直接关系，一切问题不难迳商了结也。"

1920 年 11 月，孙中山重返广州，并应广州非常时期国会之决议，废海陆军大元帅职，改任非常时期大总统。上任后，即调林资铿任粤军第九支队司令，后又改任汕头警备司令。1921 年又调任为大元帅府参军兼侍从武官，亲自护卫孙中山，后又被委任兼任广三铁路监督。1922 年 6 月 16 日，陈炯明叛变革命，孙中山被迫撤离广州总统府，登永丰舰离开时，林资铿掩护断后，经过激战被俘，遭叛军拘禁。后经营救，林资铿获释。10月，粤军第二军军长许崇智奉孙中山令进驻福州，林森出任福建省主席。林森非常看重林资铿在农田水利方面的专业与成就，随即任命林资铿为福建省水利局局长。由于时局动荡，孙中山领导的革命军政府实力有限，而陈炯明叛军兵锋正盛，为尽快剿灭叛军，1923年1月，许崇智再奉孙中山命令率军离闽回粤就任东路讨贼军司令，从闽南方向讨伐盘踞广东的陈炯明。福建省主席林森亦辞职回粤，于是福建省政权落入直系军阀孙传芳手中，林资铿也断然辞职，返回鼓浪屿经营私人事业。退隐之后，林资铿致力开发闽南水利交通建设，筹组北溪华封疏河公司，并整理开发漳州的农场等实业。

1925年3月，黄埔学生与教导团官兵3000人东征（史称第一次东征战役），连克东莞、石龙、平湖、深圳、淡水、平山、海丰等七县，兵锋直逼潮州、汕头、梅县，林资铿深受鼓舞，并想乘此时机与闽南各县军民联络，与广州方面呼应发动革命。于是冒险前往华安，进行重整与联络事宜。不料被直系军阀孙传芳下派厦门镇守使张毅发觉，张毅以进剿土匪之名，派队围捕。8月24日，林资铿为张毅所部杀害。漳厦人士闻讯震惊。尔后，林资铿长子林正熊在蒋介石的帮助下组织一支部队，为父报仇，终于在2年后的1927年将张毅枪毙于今广州中山公园。1940年，国民政府追念林资铿的贡献，明令抚恤，并以其事迹宣付国民党党史。1965年，中国国民党中央委员会复颁"忠烈永式"匾额，以示旌扬。

林资铿一生短暂而辉煌，他的言行体现了"威武不能屈"的民族精神与忠勇报国的高尚气节。林资铿献身革命，毁家纾难，矢志不移；投身武装，他不畏艰险，意志坚强；实业建设，他鞠躬尽瘁，甘于奉献。特别是他宁愿舍弃万贯家产、不做亡国奴的民族气节，甘愿舍生忘死追求民族解放的大义精神，实令无数后辈敬仰。丘念台对其评价是："革命不难，舍富贵而革命不难，能审国族，辨忠节，而舍富贵以革命为尤难；台湾林祖密者，盖能此尤难者也。"国民党前监委陈肇英回忆说："他是一个忠党爱国者，所以难为逆贼为容，最后且为逆贼刺杀。"

王敏川　书生救国之典范

王敏川（1889－1942年），字锡舟，笔名"锡"，出生于台湾彰化，台湾社会主义运动的先驱。1905年考入国语学校，1919年赴日本早稻田大学留学，并在此期间深受国际民族自决运动思潮及左翼学风影响，先后加入留日爱国学生团体"启发会"及"新民会"，并参与创办《台湾青年》。王敏川是"台湾文化协会"最后一任委员长，因参与组织反日行动被捕入狱，长达6年多的政治黑牢

王敏川

使王敏川患上多种疾病。1938年出狱后，其精神与身体均处于极度孱弱状态，于1942年病逝。抗战胜利后，王敏川被国民党政府列为"抗日英烈"而入祭忠烈祠，但其牌位在1958年以"故台共匪干"之由撤除。直到2009年6月，台"内政部"举办公听会，证实王敏川抗日事迹明确且未曾加入台共。同年8月，"内政部"恢复王敏川原享祀于彰化县忠烈祠。

王敏川出身书香门第，父亲为私塾教师，故自小就接受传统儒家

经典知识的熏陶，能够熟读汉诗、古文，具有深厚的儒学功底。王敏川童年时代就对日本殖民统治充满不满与愤慨，在日本推行殖民统治与皇民化教育的台湾，王敏川始终以汉民族自居。1909年从国语学校毕业后，王开始在彰化第一公学任教。

无役不与的台湾抗日启蒙运动主将

1919年，王敏川赴日本东京的早稻田大学留学，主攻政治经济科。时值第一次世界大战刚刚结束，当时的日本学界民本主义思潮兴起，日本殖民地朝鲜爆发"三一起义"，中国也发生反帝爱国的"五四运动"，加之随着社会主义思潮的传播，以及俄国十月革命成功带来的巨大影响，这些思潮和事件对日益众多的台湾留日学生在思想领域产生了强烈冲击，王敏川就是其中的一员。

1919年，林献堂、蔡惠如等人在留日的台湾学生间组织"启发会"，王敏川也积极加入。1920年，林献堂等人又成立"新民会"，并创办《台湾青年》杂志，王敏川继续担任重要成员。"新民会"一方面推动"台湾议会设置请愿运动"，另一方面以《台湾青年》为平台，推动台湾的启蒙运动，王敏川在这两场重要战役中，都扮演了极为重要的角色。

第一次"台湾议会设置请愿运动"的参加者中，除林献堂等10人外，其余均系留日学生；第二次台湾方面签名者350多人，留日学生162人。王敏川作为"新民会"干部，就担负起了安排请愿运动在东京活动方案的重任。据日据时期的《警察沿革志》记载，日本殖民当局将王敏川与蔡惠如、蒋渭水一样视为运动中的骨干与激进分子而严加防范，指王敏川坚信"中国之国情不久必可恢复正常而雄飞世界，自然必可光复台湾，是以此际必须保持民族之特性，涵养实力，以待时机。由此民族意识向往中国，开口便是强调中国四千年之文化以激发民族自信心，常有反日之过激言行"。

在推动启蒙运动方面，王敏川从《台湾青年》创刊就一直担任编辑工作，并为此付出心力，承担了大量的写作和翻译工作。在《台湾青年》创刊号中，王敏川除翻译了明治大学泉哲教授的《敬告台湾岛民》，还写作了《台湾青年发刊之趣旨》，指出"国民之荣辱不在于国力之强弱，而在于文化程度之高低，台湾文明之进步无法与日本相并驰，实为台人之无自觉，自己无发展之能力，若群己不进则人亦不能为我助，青年当奋起促进台湾文化之发达"。此外，王敏川对于日本殖民者借由打压汉文推广日文，来消灭台湾人的民族与文化观念深感忧虑。为了从文化上抗日救亡图存，王敏川发表大量文章宣扬汉文的重要性。王敏川于《台湾青年》第 1 卷第 3 号发表《女子教育论》，第 2 卷第 4 号开始以锡舟为笔名发表《论先觉者之天职》，第 3 卷第 4 号、5 号连载《台湾教育问题管见》，第 4 卷第 1 号发表《书房教育革新论》等。在《台湾教育问题管见》中，王敏川疾呼，"汉文为载道之文，举万国之文字，无以匹其雅，可以传久而垂百世焉，而况为世世相传之文字，思想赖以进于高尚，讵可任其衰颓乎"。

以笔为剑：战斗在"文协"的王敏川

1921 年 10 月 17 日，由蒋渭水等台北医专的学生发起的"台湾文化协会"成立，推举林献堂为总理，王敏川是"文协"的重要干部，并于 1923 年 10 月 17 日的第三次大会上被推选为理事。

1922 年 4 月 18 日，《台湾青年》改名《台湾》发刊，由蔡培火返台主持，此时王敏川转任"台湾杂志社"汉文部主任，在任职期间，王敏川在《台湾》杂志发表《吾人今后当努力之道》及《社会改造家之颜智》（颜智指印度圣雄甘地）等文章。在《吾人今后当努力之道》中，王敏川认为孔子学说的可贵之处，在于养成个人的高尚人格，对一般大众而言就是要具有廉耻心，而知识分子就要有社会改造的信念。文中称，"若孔子一生之受磨折而不改其志，可谓社会改造家之模范。孟子曰，天将降大任于斯人也，必先苦其心志，劳其筋骨，饿其体肤，增益其所不能。又曰，贫贱不能移，富贵不能淫，威武不能屈，此之谓大丈夫。呜呼，盖如是者，始足以称社会改造家"。1923年4月15日《台湾民报》（半月刊，东京发行）创刊，王敏川也是《台湾民报》初期的重要主笔之一，在稿源缺乏的情形下，王敏川甚至不得不在同一期的《台湾民报》上连写带译发表好几篇文章。

智斗日本殖民者：活跃于演讲台上的王敏川

除文字启蒙工作外，针对当时一般民众知识水平不高的现况，蒋渭水等人提议将文化讲演会作为大众化的启蒙工作方式，王敏川成为文化演讲的开创者之一。文化讲演的热潮兴起于1923年5月，王敏川以《台湾民报》社员名义返台，推售《民报》，并在全岛各地举行巡回讲演。同年5月至8月，文化协会与东京留学生们一起在岛内举行文化讲演，借机推动民族意识与政治自觉主张的觉醒。蒋渭水在台北市港町（今贵德街）开设文化讲座，策划"短期讲习会"等讲座，并由王敏川担任主讲师，讲题包括"中国古代哲学史"、"妇人解放运动之推移"等。因文化讲演指桑骂槐，遭到日本警察的严密监视，蒋渭水等人特意请王敏川利用其深厚的汉学功底，连续讲述《论语》达1个多月，以迷惑警方的监视，让驻守的日本警察累得人仰马翻，一时无处查找纰漏。

日本殖民当局的《警察沿革志》记载：

讲演会是文化协会活动中最应重视的问题。在一般民众智识程度甚低的台湾状况下，文化协会的启蒙运动，仅借图书则不免有缺乏大众性之憾，所以说它完全借讲演来达成其目的亦非过言。在文化协会创立的初期，讲演会尚不多见，仅限于主要都市举开。及至大正十二年五月（1923 年 5 月），会员黄呈聪、王敏川以《台湾民报》记者身份返台，历访全台各地劝募《台湾民报》购读者，顺便作巡回讲演，其所讲的民族主义及对台湾统治的责难，唤起地方民众甚深的反应，受到很大的欢迎。于是加深文化协会对讲演会的认识，乃有频繁举行讲演的热潮。都市地区每星期六、星期日举行定期讲演会，地方则组织讲演队，举行巡回讲演，大正十四年（1925 年）可以说是文化协会举开讲演会的热狂时代，地方会员，凡有机会即邀请干部去开演讲会。发动民众借口欢迎，沿途燃放爆竹，高呼口号作一种示威运动，举行旁若无人的盛大欢迎会，以张声势。干部也俨然以志士自居，睥睨一切，徒以挑拨民族的反抗心为能事，酿成普遍的反母国的风气。尤其是每次介入地方问题或农民争议，助长纠纷，以收揽民心，如遇取缔，则展开执拗的讲演战与示威运动，以表示反抗。这运动实开本岛农民运动与劳工运动的先河。

1923 年 12 月 16 日，台湾总督府以"违反治安警察法"，全岛大举搜捕"台湾议会期成同盟会"99 人，史称"治警事件"。王敏川与蒋渭水等同被拘禁于台北监狱。王敏川遭拘捕后，在台北监狱以坐禅、读中国哲学史明志，写下了"士到穷时心愈定，不因困苦把愁生"的名句与"莫笑书生受奇祸，民权振起义堪尊。且喜平生多旷达，不将得失作悲欢。人生求学终何用，只在修身与济时"的不朽诗作。蒋渭水还特地创作《送王君入狱序》，借王敏川之口，嘲讽仗官府势力欺压台湾人的走狗御用绅士，赞扬了王敏川等志士"我不入地狱，谁入地狱"的大无畏勇气。

1923 年"治警事件"第一审，王敏川被判刑 3 个月；第二审则以无罪开释。蒋渭水于 1924 年 2 月 18 日假释出狱，等候审判。出狱当日，王敏川等先出狱者，齐聚于台北监狱迎接，同志们以出狱者不戴帽，迎接者戴帽，拍了一张英雄照，向殖民统治者表达了不屈从的坚定意志。

坚定抗日、心向社会主义的非党员

王敏川是一个强烈的反帝民族主义者，在台湾抗日民族运动中，他永远站在战斗的第一线不退却，虽然他在"新文协"的末期，即第四次全岛代表大会之后，决议支持台湾共产党，但他终身不是共产党员。

王敏川等人成立的"台湾文化协会"对于推动社会启蒙运动具有重要作用，特别对提升青年心系民族、社会前途的关注度功不可没，成为台湾青年运动的灯塔。1924 年 11 月，台北师范学校台籍学生与日籍学生因旅行问题发生冲突，校方偏袒日方学生，导致 36 位台湾学生遭退学处分。王敏川与蒋渭水等"文协"领导者积极援助被开除的台湾学生，帮助其转赴海外深造。

1926 年，"台湾文化协会"内部发生了激进派与稳健派之争，即左右路线之争，王敏川和连温卿属其中的激进派。1927 年 1 月 3 日，"文协"在台中举行临时大会，连温卿为首的激进派在表决中占据优势，虽然林献堂、蒋渭水也当选为中央委员，但因与激进派意见不合而宣布退出。王敏川当选为中央委员，继续作为"新文协"的主要干部。"新文协"集资创立"大众时报社公司"，王敏川和赖和均为董事，并由王敏川、洪石柱、吴石麟到东京筹备发行事宜，后因台湾总督府阻挠，《大众时报》在出版 10 期后即告停刊。

左右分裂后的"新文协"还发动过数次激烈的斗争，但"新文协"强硬的抗争手段徒增牺牲外，也使保守的民众畏缩不前了。因为"当时的民众尚不够坚强，难免有跟不上的感觉"。加之"新文协"不能普获支持，经济来源大受影响，在财政日绌下，甚至连房租、水电费也无力缴付。在日本殖民当局镇压下，"新文协"干部有的被捕下狱，有的远走大陆，几乎出现群龙无首的局面。

后来，"新文协"内部再次发生分裂，以上海大学留学生为中心的"上大派"支持王敏川，使原由左翼青年支持的连温卿领导权被架空。1929 年，连温卿被"新文协"除名，"新文协"内部的一些台共成员提出解散"新文协"的建议，认为"新文协"如要采取政党路线，则应解散以免阻碍无产阶级的成长与发展。但王敏川坚持"新文协"应作为小市民的大众团体而继续存在，并获得台共领导人谢雪红等人的同意而得以保存。

1931 年，"新文协"第四次全岛大会在彰化举行，出席代表 77 人，但协会因多次分裂而元气大伤，整体上缺乏斗志。大会在警察监督下进行，重大议案不能提出讨论，因此会议显得暮气沉沉。此次大会除决议通过章程修改案，改一般性纲领为"行动纲领"外，可谓乏善可陈。王敏川当选为中央委员长兼财政部长，毅然接下这个虽有光辉历史，但目前困难重重的烂摊子。

在王敏川苦苦力撑"新文协"的同时，从 1931 年 6 月开始，岛内政治气氛日渐紧张，日本殖民当局开始大肆逮捕台共分子，12 月又逮捕所谓"赤色救援会"成员，时为"新文协"中央委员长的王敏川则因参加"赤色救援会"被判处 4 年徒刑，1938 年才得以获释出狱。

王敏川出狱已是"七七事变"后的第二年，台湾进入"战时体制"，王敏川等"政治犯"的处境极为艰难，加之在狱中健康受到损害，在1942年9月2日郁郁而终。综观王敏川一生，可谓是台湾社会由传统过渡到现代的指标人物，儒学精髓是其生命底层精神力量的来源，而民族自决思想与社会主义思潮又成为激发其用生命与日本殖民政权相对抗的外部精神动力。

身后蒙冤 终得昭雪

王敏川没有来得及见到台湾光复的那一天就逝世了，直到台湾光复后的1951年，王敏川才经台湾省政府教育厅列入"台湾省教育文化界忠贞人士"，并依据"褒扬抗战忠烈条例"规定，报经"教育部"转致"内政部"表扬。"内政部"于同年4月检送褒扬令，函请"教育部"转发，并请台湾省政府办理入祀忠烈祠。

1958年，"内政部"因有关单位将王敏川列为"台共匪干"，函台湾省政府转知彰化县政府，将王敏川牌位从忠烈祠撤除。和他同时被撤除牌位的有赖和、翁泽生等多人，赖和于1984年平反，但王敏川等人却一直沉冤于九泉。

1987年，台湾大学教授王晓波主持的"台湾史研究会"欲为王敏川平反并行文"内政部"，但延宕多年。2009年6月3日，"内政部"终于举办正式公听会，邀请对日据时期台湾史研究较专精的学者王启宗、黄富三、王晓波、蔡锦堂、黄秀政以及台湾抗日志士亲属协进会会长林光辉，常务理事丘秀芷、罗秋昭、吕芳雄、廖继斌，以及"国史馆"、"国防部"、"法务部"、"调查局"等政府各相关单位参加。整个会议先陈述王敏川等先烈重返忠烈祠的意义所在，这也意味着对其给予了正确的历史定位。随后列举王敏川遗作，都是谈教育、推动汉文化、倡导妇女觉醒等事迹，目的是提升日据时期台湾民众文化、品德层次。王晓波指出，从抗日文化协进会创会伊始，林献堂、蒋渭水、王敏川等都是创会元老，而对王敏川"通共"的指控，其实也有当时历史条件下的特殊性。王晓波认为，20世纪二三十年代，举凡热血台湾青年，都向往社会主义，孙中山1925年逝世前，也主张联俄容共。且日据时代的《警察沿革志》也记载王敏川非共产党员。王晓波并引述老台共苏新所言，亦称王敏川非老台共。

最终，台"内政部"于8月27日函文彰化县政府，办理恢复王敏川原享祀于彰化县忠烈祠。2010年3月7日，马英九探望王氏遗族，2010年3月29日，王敏川重新供奉于彰化县忠烈祠。

蔡培火　台湾非武装抗日运动先驱

蔡培火（1889—1983 年），字峰山，生于台湾云林县北港镇，祖籍福建泉州。父亲蔡然芳，北港当地经营杂货商店，并开办私塾，在清政府割让台湾后，蔡然芳成为北港抵抗日军侵略的领导人物。1896年，父亲蔡然芳去世，母亲带领全家迁至祖籍地福建泉州避难，后因在当地投资生意失败而再度举家回台。蔡培火历经家国巨变后，家境也一落千丈，生活艰辛。蔡

蔡培火

培火先后毕业于台北国语学校及日本东京高等师范学校，在日留学期间担任东京"启发会"干事、"新民会"干事，返台后任台湾文化协会专务理事等。1925 年因"治警事件"入狱 4 个月，是台湾社会运动与非武装抗日运动中的先驱。后因局势紧迫，于 1937年举家赴日。抗战胜利后，蔡培火加入国民党并出任台湾省党部执行委员，1950 年任"行政院"政务委员，1952 年任"中华民国"红十字会总会副会长及台湾省红十字会会长。蔡培火一生著作颇丰，有《帝国主义统治下的台湾》、《告日本国民》、《亚东之子如斯想》，合著《台湾民族运动史》等。

1895 年 4 月，甲午战争中失败的清政府被迫与日本签订了丧权辱国的《马关条约》，台湾沦为日本殖民地，台湾人民如火如荼的抗日斗争亦随即展开。台湾同胞用鲜血和生命谱写了一曲曲光荣的抗日史诗，发扬了中华民族反侵略反压迫的优良传统。日据时代台湾同胞的抗日运动可分为武装抵抗和非武装反抗两个阶段，在日本殖民当局残酷镇压下，20 世纪 20 年代初，台湾的武装抗日运动转入低潮，非武装性质的社会运动成为抗日运动的主要形式。在非武装性质的抗日运动中，台湾议会设置请愿运动、《台湾青年》杂志、台湾文化协会是三大非武装抗日社会运动的主力，台湾民众党、新文化协会、台湾工友总联盟、台湾农民组合被称为非武装抗日社会运动的四大团体。蔡培火在台湾民众党、新文化协会中发挥了重要作用，堪称贯穿非武装抗日运动史的标志性人物。

负笈东洋：寻求救亡图存之路

1898 年，蔡培火入公学校就读，开始学习日文，1906 年进入台湾总督府台北国语学校师范部就读，1910 年师范学校毕业被分配到台南冈山公学校任教，1912 年转任台南第二公学校训导，同年与台南吴足女士结婚。1914 年，蔡培火参加日本人板垣退助来台筹组的"同化会"，并接触保守抗日领袖林献堂等人。"同化会"肇因于以林献堂为首的台湾知识分子，在接触梁启超等国内政治改良派之后，对于中华民族的抗日运动有了新的认识，即倾向于通过和平的方式与日本抗衡。手段则包括与日本国内关心台日及东南亚问题的政治人物、知识分子加强联络，争取同情，特别是期待透过日本人的帮助，来向日本殖民当局争取台湾人的权力。蔡培火对林献堂的这一主张深为赞许，故积极参加"同化会"活动。后因日本殖民当局下令解散"同化会"，蔡培火因此受到牵连并丢掉公职。但这一变故也成为蔡培火走上柔性抗日社会运动的起点，从此蔡培火逐步成为台湾社会运动史上的重要人物。

因参加"同化会"失去教职后，生活陷入困顿的蔡培火决定留学东洋，以求扩大视野，探寻台湾的前途与出路。1915 年，在林献堂及亲友资助下，蔡培火前往日本，这成为其开启文化结社与抗日运动的重要开端。1916 年，蔡培火进入东京高等师范学校理科部就读，欲透过所学知识，开阔台湾民众视野。经过第一次世界大战的震荡与洗礼，台湾留日学生中民族主义思想开始流行。

蔡培火利用留日学生中兴起的民族主义思想，积极开展结社运动，兴办进步刊物，一方面通过在日本知识界与上流社会中建立的人际关系游说日本当局，希望给予台湾更多的自治权力，同时通过舆论宣传的手法，启发台湾民众向殖民者争取更多政治权力。

蔡培火在日本最主要的活动之一就是担任《台湾青年》的主编兼主笔。该刊从 1920 年 7 月发刊到 1921 年 12 月停刊，共发行 18 期。蔡培火能够在日本统治当局眼皮底下发行《台湾青年》，也恰恰体现了其高超的交际手腕。杂志表面上在维护殖民者地位，实质上却在暗批殖民体制的弊端，发挥了启发台湾民智的重要作用。

1920 年，蔡培火参与筹组了由林献堂任会长的"新民会"，该会的主要目标一是增进台湾同胞幸福，推动政治改革运动；二是扩大宣传主张，发行机关杂志；三是拓展与大陆同胞接触的途径。其中的第一项目标主要通过"台湾议会设置请愿运动"来达成。该运动直接原因是东京的台湾留学生要求废除压迫台湾人民的"六三法"运动，蔡培火在集会上提出撤废"六三法"，并要求日本当局给予台湾人民自治权。运动兴起的大背景与当时风行全球的民族解放运动有关。1920 年年底，林献堂赴日参加"新民会"关于讨论台湾政治改革的聚会，与会人士认为公开要求台湾完全自治很难成功，可退而求其次，先以台湾议会设置为短期目标。1921 年 1 月，由林献堂、蔡培火等 178 人签字的请愿书送达日本国会，第一次"台湾议会设置请愿运动"完成了从构想到实践的转变。

百折不回：投身柔性抗日运动

1921 年 4 月，蔡培火与林献堂等人返台，受到了台湾民众热烈欢迎，其一直推动的"议会设置请愿运动"在台湾的社会基础与影响力不断扩大。此外，蔡培火等人还积极筹组政治组织，以凝聚、组织岛内民众团结起来向日本殖民当局争取权力。

蔡培火返台后，仍坚持推动请愿运动，前后历时 13 年，共发起 15 次请愿运动。1922 年，蔡培火等人第二次赴日请愿，结果虽以失败告终，但连署人数进一步上升，且开始得到日本国内部分人士的支持。截至 1924 年，5 次请愿运动都直接遭到日本国会的否决。第六次请愿运动于 1924 年展开，此时开始有日本众议员在蔡培火陪同下赴台考察，并在蔡培火的游说下成为请愿运动的支持者。在蔡培火等人努力下，请愿运动所面对的外部环境进一步宽松，在连署人数与声势上都达到了新的高峰。受中国国内革命渐入高潮，以及苏联社会主义革命胜利的影响，请愿运动内部逐渐分成了三派，一派是连温卿的共产主义派，另一派是蒋渭水所领导的受中国革命影响较大的一部分人，第三派则是蔡培火所代表的采取体制内抗争的合法民族运动派。这种派系分野使后期的请愿运动内部出现矛盾与掣肘，蔡培火后期赴日请愿就遭到内部左派人士的反对，运动声势不若以往。1931 年，随着蒋渭水的去世，岛内政治环境趋于恶化，蔡培火虽继续坚持推动第十三次与第十四次请愿运动，但此时主张停止请愿运动的声浪逐渐浮现，请愿运动开始从声势浩大的政治运动转趋弱化为小型运动，甚至成为几乎仅以蔡培火一己之力坚持的运动。最终，请愿运动在完成第十五次行动后告一段落。请愿运动在台湾近代史上产生了重要的影响，是岛内非武装抗日运动的标志性事件。

1921年，蔡培火与蒋渭水等人筹组"台湾文化协会"，其成立宗旨为"助长台湾文化发达"，目的是谋求台湾人的社会解放与文化提高。1927年5月，蔡培火与蒋渭水等组建"台湾解放协会"，后更名为"台湾民党"，但被总督府禁止。后成立由蒋渭水主导、蔡培火任顾问的"台湾民众党"。"台湾民众党"以民族运动为目的，除推动"议会设置请愿运动"外，还推行地方自治运动。台湾民众党成立后，成为"议会设置请愿运动"的组织中心。但随着蒋渭水等受左派影响加深，蔡培火与其领导的左翼抗日救亡运动渐行渐远，最终台湾民众党分裂，蔡培火与林献堂等人另组团体。1930年，因蔡培火等台湾民众党党员跨党成立"台湾地方自治联盟"，导致台湾民众党分裂，蔡培火也被开除党籍。

"治警事件"是蔡培火社会运动生涯中的一件重要事件，该事件与其不遗余力推行的"议会设置请愿运动"有直接关系。1922年蔡培火赴日进行第二次请愿运动返台后，与蒋渭水等商讨成立以请愿运动为目的的"台湾议会期成同盟会"。1923年1月，蔡培火依照日本殖民当局颁布的"治安警察法"提出结社申请，但被拒绝。蔡培火等人不为所动，继续坚持该会的成立与运作。对此，日本总督府认为该会仍属事实存在，便以"违反治安警察法"为由，对蔡培火、蒋渭水、蔡惠如、林呈禄等99人提起诉讼。经过法院判决，判处蔡培火、蒋渭水4个月徒刑，史称"治警事件"。但该事件不但没有让请愿运动消沉，反而让该运动获得了民众更多的同情，也让蔡培火等人赢得了更高的民望。

无言抗争：誓不与殖民者合作

1937 年，蔡培火的人生轨迹在时局变动下发生重大改变。7 月 2 日其妻过世，尔后"七七事变"爆发，蔡培火在家国巨变的情况下，选择离开台湾前往日本。此前，日本出于殖民战争的需要，已开始加紧对台湾社会的控制与打压。1934 年，蔡培火念兹在兹、耗尽心血的"议会设置请愿运动"被总督府叫停，其在文化界推动的语言运动亦遭"劝停"。蔡培火十余年来倾注热情的事业遭遇接二连三的挫折，让他心力俱疲，此时摆在他面前的路似乎只留下与日本人完全合作，或者走一条自己过去并不认同的阶级运动与武装抗日的道路，但前一条路意味着将为民族同胞所不齿，后一条路则可能为自己招来杀身之祸，且与自己救台湾的方式与理念并不相符。最终，蔡培火选择了离开台湾，不问政治，远赴东京经营台湾料理店。

抗战胜利后，蔡培火回到祖国，并加入中国国民党，被任命为台湾省党部委员。1947 年当选第一届"立法委员"，1950 年在陈诚"内阁"出任"政务委员"，也成为第一位台籍的"部长级"官员。蔡培火在台湾光复后，对推动岛内卫生、慈善及教育事业的发展也做出了杰出贡献。1952 年，蔡培火担任"中华民国"红十字会总会副会长，台湾省分会会长。1974 年，蔡创办"中华民国"捐血运动协会，为义务献血观念的普及做出了重要贡献，此外还创办公共卫生护士班、巡回卫生工作队等。1965 年，蔡培火创办淡水工商管理专科学校，并著有《国语闽南语对照常用词典》等书籍 。1983 年 1 月 4 日，蔡培火逝世。

谢挣强　为收复宝岛殚精竭虑

谢挣强（1915—1979 年），台湾澎湖人。抗战期间赴大陆参加抗日救国运动，曾在李友邦组建的台湾义勇队担任第一区队长，台湾义勇队驻渝通讯处主任。1944 年，谢挣强进入国民政府中央设计局辖下的台湾调查委员会（简称"台调会"），为台湾顺利回归祖国出谋划策。1945 年台湾光复，台湾省行政长官公署建立，谢挣强被任命为台南县虎尾区区长。1947 年参加首届"国大代表"选举并高票当选。1951 年首届高雄市长民选，谢以高票当选，并于 1954 年蝉联。1977 年出任高雄澎湖同乡会理事长。1979 年病逝。

谢挣强的成长年代，台湾已处于日本殖民者统治之下，殖民当局对岛内人民采取的血腥镇压与高压统治方式，激起了谢挣强对殖民者的仇恨与民族意识的觉醒，这种民族情怀随着年龄增长日益强烈。面对日本殖民统治者蹂躏祖国的大好河山，谢挣强愤而西渡大陆，积极参加抗日救亡运动，特别是在收复台湾的过程中，发挥了台湾同胞独

特的作用。

峥嵘岁月：谢挣强与台湾义勇队

台湾义勇队是抗战时期由台湾籍的李友邦将军于1939年组建的一支具有正规军编制的台胞抗日队伍，主要成员是当时居住于闽、浙两省的台湾同胞。他们以"保卫祖国，解放台湾"为宗旨，在闽、浙、赣、皖等地积极开展抗日活动。因其成员中医务工作者占2/3，故医疗工作一直是台湾义勇队的主要工作。谢挣强是台湾义勇队最早的参加者，并被李友邦委任为第一区队长。台湾义勇队成立之初于浙江金华城内设立医疗所，义务医治伤兵及百姓。4月，因金华城内医疗所太忙，而乡下民众又无法时常进城，故在金华方六乡设立医疗所，并设立4支巡回医疗队，每天在金华附近乡镇义务巡回治疗病人。1940年3月，台湾义勇队在义乌县义亭镇设立台湾义勇队义亭医疗站，由于患者以及需求者众多，医疗所及医疗巡回队逐渐不敷所需。1940年7月初，台湾义勇队将医疗所扩大为医院，9月12日，金华城内"台湾医院"正式成立。但建立一所成建制的医院绝非易事，当时整个大后方皆缺医少药，加之前线战事吃紧，也亟需各种医疗器械，故寻找医疗器具及药品就成为台湾义勇队所办医院能否正常运转、服务乡梓百姓的关键。在此紧要关头，李友邦将这一重任交给了谢挣强，谢立即专程赴闽北崇安（国民党政府曾将闽、浙台胞集中于福建崇安集中居住管理，后经李友邦等动员加入义勇队并赴浙江——作者注）收集台胞赴浙前交由各乡镇长代为保管的医药器械，并历尽艰险带回部分医疗用品，为抗日医院服务百姓解了燃眉之急。

谢挣强除承担医疗救护急难险重的紧急任务外，还担任台湾义勇队驻渝通讯处主任，利用当时最强有力的宣传武器——广播电台，为凝聚台湾同胞士气，早日收复台湾做出了积极贡献。台湾被日本殖民侵占后，长期与大陆分离，两岸民众缺乏了解与沟通。抗战全面爆发后，为了唤醒中华民族收复失地的决心，也为了号召留居大陆的台湾同胞加入抗战行列，台湾同胞掀起了收复台湾的宣传高潮，而广播电台则是最犀利的舆论武器。1941年以后，谢挣强等人负责利用重庆的中央广播电台，在每周五、六、日使用闽南语进行广播，另外还在国际广播电台用中、英语进行广播。谢挣强等人积极参与的这些宣传活动，一方面增强了中华民族收复台湾的意识，另一方面也有力地推动了中央政府全面展开收复台湾的工作。

收复失地：谢挣强与台湾调查委员会

1943年11月，中美英三国首脑会议发表《开罗宣言》，决定战后把日本所窃取于中国的东北四省、台湾、澎湖列岛等土地归还中国，收复台湾得到了国际法确认。开罗会议后，南太平洋战局顺利推进，收复台湾已成定局，国民政府的复台策略开始从外交上争取盟国支持转向着手进行光复台湾的各项准备工作，以保证战后接收顺利进行。在成立台湾调查委员会之前，国民政府关于台湾的工作机构并不多，仅1941年2月10日，李友邦、谢挣强等人结合一些台湾抗日团体在重庆成立"台湾革命同盟会"，隶属国民党中央组织部直属台湾党部筹备处。1944年4月中旬，国民政府在中央设计局辖下成立台湾调查委员会（简称"台调会"），成为首个专门负责将来接收台湾的职能机构，任命行政院秘书长兼全国总动员会议主任陈仪为主任委员。对于由李友邦、谢挣强等所组成的台湾革命同盟会和直属台湾党部的台籍志士，陈仪均设法网罗，大胆启用，以充实力量。

"台调会"于1944年4月17日在重庆成立并召开第一次会议，6

月 6 日至 7 月 3 日，先后委任或聘任林忠（台湾南投人）、李友邦（台湾台北人）、李万居（台湾云林人）、谢南光（台湾彰化人）、谢挣强（台湾澎湖人）担任该会专任或兼任职务。谢挣强在"台调会"期间殚精竭虑，积极为台湾届时能够平稳顺利回归祖国而出谋划策。

在涉及国家主权问题上，谢挣强坚决反对所谓的"国际托管"、"公投自决"、"台湾地位未定"等言论，坚持"台湾必须归属中国"。1944 年 7 月 21 日，谢挣强在台湾调查委员会召开的"在渝台湾同志座谈会"上指出，争取民心，重视宣传是重要的，但应防止将来采取投票方式决定台湾归属。

对于光复后的干部培训与任用工作，谢挣强认为这是台湾调查委员会前期必须抓好的重点工作。"要加紧训练大批行政、工业、教育人才，在福建或广东训练军事人才和政工人员，秘密派往台湾或在盟军登陆后进驻台湾"。经过充分讨论酝酿，1944 年 9 月，国民政府通过了东北及台湾党政干部训练办法草案，决定在中央训练团内设台湾党政干部训练班（后改名为台湾行政干部训练班）。谢挣强的这些建议，对于抗战胜利后迅速接管台湾发挥了积极作用。

谢挣强对于重建岛内教育体系也始终关注并倾注了大量心血。谢挣强认为，台湾回归祖国后的当务之急，是要在思想教育领域祛除殖民化恶果，唤醒台湾民众的祖国认同。1944 年 7 月，台湾调查委员会会议中，谢挣强等建议尽快培训教育人才。陈仪也接受了谢挣强等人的建议，并致信教育部长陈立夫称，收复台湾以后很困难的工作是教育。台湾学校多，但收复后肯定师资缺乏。教育准备工作包括师范学校的教员，中等、高等学校的行政人员，小学教员和国文、历史教材，希望教育部早做准备。陈立夫收到陈仪信后，即命各主管部门研究筹划，拟定在国立海疆学校设科培训人员，并另行编辑国文和历史教材，为台湾回归祖国后尽快完成教育领域的去殖民化工作做好准备。

1944 年 7 月，谢挣强、连震东、柯台山等人在台湾调查委员会发表意见称，如何具体接管台湾，接管后地方行政机构的体制和设置如何安排，均是接管台湾工作的核心。陈仪和中央设计局秘书长熊式辉在台湾的政治制度问题上，主张应有特殊的组织以应付特殊的环境。谢挣强等台籍人士认为，台湾在政治、经济、文化、风土习惯方面均不同于大陆，所以"将来台湾省的制度，必须以单行法规定，不必与各省强同"；应该保存台湾优良的制度设施，采用宽松的经济政策，比别省享有更大的自治权；要扩大台湾省长官的权限，提高省政府的职权"。此外强调，台湾设立特别省制"可以说是我们台湾同志一致的要求"。经过这次讨论，加上陈仪的支持，台湾调查委员会意见趋于一致，在 10 月 27 日拟定了台湾省接管计划纲要草案 16 项 82 条，呈报蒋介石。1945 年 3 月 14 日，由蒋介石修正核定为《台湾接管计划纲要》，包括通则、内政、外交、军事、财政、金融、工矿商业、教育文化、交通、农业、社会、粮食、司法、水利、卫生、土地 16 部分，对收复台湾的各项工作作了全面规划，成为接管台湾的纲领。《台湾接管计划纲要》基本上接受了谢挣强等台籍人士的诸多意见，谢挣强参与的一系列收复台湾的设计工作，为台湾顺利光复做出了重要贡献。

李焕之 歌声能敌千万军

李焕之（1919－2000年），原名李昭
彩，又名李钟焕，人民音乐家。李焕之
的父亲李孙修祖籍福建晋江，母亲郑惠
珍祖籍台北，两人在台北结婚后，在香
港生下李焕之。李焕之早年在厦门双十
中学就读，1936年考入上海国立音乐专
科学校。1938年，李焕之从香港奔赴延
安参加革命，入读鲁迅艺术学院音乐系，
师从冼星海学习作曲和指挥艺术，同年

李焕之

加入中国共产党。鲁迅艺术学院毕业后留校任教，曾任音乐系主
任。新中国成立后，李焕之一直活跃于音乐战线上，为观众们写
下了大批脍炙人口的歌曲。除潜心创作外，李焕之还在中央音乐
学院、中央歌舞团、中央民族乐团担任负责人，历任中国音乐家
协会常务理事、书记处书记、副主席等职，并于1985年当选中国
音乐家协会主席。代表作品有：《社会主义好》、《春节序曲》、《春
节组曲》、《第一交响曲——英雄海岛》、《乡音寄怀》、《汨罗江幻
想曲》（筝协奏曲）、《晋江之歌》、《白鹭女神之歌》、《一片相思一
片情》、《大地之诗》、《秦王破阵乐》、《春到中原》（与李群合作）、

《小鸟的天堂》（与李群合作）等。另外他还为《义勇军进行曲》做了配器。

....

　　著名音乐家李焕之在大陆老中青几代人中都拥有较高的知名度，在其诸多耳熟能详的歌曲背后，若要问及李焕之与台湾同胞积极参加抗日救亡运动这些重大历史事件的关系时，恐怕鲜有人知晓其间的原委。事实上，正如李焕之本人所言，他自己是"闽、台、港三结合的产物"，其个人命运始终与祖国的兴衰联系在一起，在同仇敌忾、共赴国难的抗日战争年代，李焕之也义无反顾地放弃了安逸的生活条件，奔赴抗日疆场，并逐步成长为一名共产主义战士与人民音乐家。

音乐少年投身抗日

　　李焕之父母从台湾移居香港，李焕之也在此出生。1930年，李焕之父亲李孙修逝世，母亲为了生计带着全家人迁回厦门定居。当时的厦门因多种原因，拥有较全国其他地区更为浓厚的音乐氛围。在当时就读的双十中学，李焕之不但可以学到较为系统的音乐基础知识，还有机会参加多种校园文艺活动。据李焕之回忆，其音乐爱好就是在厦门读书时逐步养成的。李焕之不但表现出了对音乐的浓厚兴趣与天赋，同时也对当时的进步思潮与学术思想非常关注，经常与同学们交流对时局的看法，并高唱救亡歌曲，参与爱国游行等，中学时代的李焕之逐步表现出了超乎常人的对音乐的爱好与天赋。高中二年级时，李焕之开始尝试谱曲，他为郭沫若短篇小说《牧羊哀话》中的"牧羊哀歌"所谱曲目充分展现了牧羊女凄凉哀怨的心态，成为那个凄惨时代的真实写照，深深打动了观众的心。这首从内容到结构形式都堪称完美的乐曲，很难想象出自这位16岁的年轻人之手。这首处女作的成功，极大地鼓舞了李焕之的创作热情。1936年春，李焕之进入上海国立音乐专科学校学习，师从著名音乐教育家萧友梅，但这段学校生活极为短暂，在不足半年的宝贵日子里，李焕之较为系统地接触学习了和声学、视唱、钢琴、合唱等课程。由于母亲希望李焕之能够经商，同年秋李焕之辍学回到厦门，后至香港乾德商行当练习生。

李焕之虽未能在上海国立音乐专科学校继续深造，但他始终未放弃对音乐孜孜不倦的追求，在香港工作的这段日子里，李焕之一有机会就如饥似渴地浏览冼星海创作的歌曲，将其作为学习的榜样。1937年"七七事变"爆发后，中华民族同仇敌忾，加快建立抗日民族统一战线的步伐，在此气氛下，李焕之受到诗人蒲风的鼓励，为其诗歌《慰劳前方将士》谱曲。接下来，李焕之又创作了《厦门自唱》、《咱们前进》等歌曲，并为金帆的诗《保卫祖国》谱写了一首混声合唱。

1938年5月，在厦门即将沦陷前夕，李焕之举家移居香港。在港期间，李焕之加入了中国共产党的外围组织——香港抗战青年社，这也让李焕之有机会与共产党人及先进青年学习哲学、文艺及进步思想。除此之外，李焕之还以饱满的热情赴工厂教青年们学唱革命歌曲。在港的两三年间，李焕之创作了60多首音乐作品，用自己独有的方式表达了对全民族抗战事业的支持。

李焕之偶然间在报纸上发现，中国共产党领导的敌后抗日根据地的中心——延安成立了鲁迅艺术学院，并由作曲家吕骥担任音乐系主任，这正是李焕之朝思暮想的地方，于是李焕之毫不犹豫的第一个报名，并被录取为延安鲁迅艺术学院的第二批学员。1938年7月，李焕之瞒着家人，不远千里从香港取道广州、武汉、郑州、西安转赴延安，这次选择也成为影响其一生的重大转折点，而延安岁月也成为李焕之人生中极为特别而辉煌的一个阶段。

激情澎湃的延安岁月

经过一个多月的长途跋涉，1938年8月4日，李焕之等进步青年到达了革命圣地——延安，在向往已久的宝塔山下、延河岸边，李焕之等人洗去了旅途的疲惫，欢天喜地的住进了窑洞，投入到火红的抗日救亡运动中去。

李焕之被安排进入延安鲁迅艺术学院音乐系第二期学习，并于同年底加入了中国共产党。时任系主任的作曲家吕骥非常欣赏李焕之创作的《保卫祖国》一歌，将其印发给全系同学们演唱，并委派李焕之担任指挥。在同志们的鼓励下，李焕之的创作才能得到了更大的发挥，又陆续创作了《九月里秋风凉又凉》及《十月革命赞》等革命歌曲。

李焕之少年时代虽曾入上海国立音乐专科学校学习，但因家庭原因而被迫中断，因此其前期的音乐之路主要建立在自学的基础上。来到延安进入"鲁艺"所遇到的诸多良师，为李焕之攀登音乐艺术高峰提供了极为重要的帮助。1938年11月，音乐大师冼星海来到延安，担任"鲁艺"作曲与指挥教授。1939年5月，音乐系主任吕骥被组织上派到晋察冀敌后根据地创办华北联合大学，冼星海被委任为音乐系主任。在冼星海的精心指导下，李焕之在音乐指挥方面的才能又被进一步发掘出来，音乐素养得到了进一步的提高。学习结束后，李焕之留校任教，负责基本乐理、和声、作曲及合唱指挥等的教学工作。冼星海虽然已是享誉海内外的音乐大师，但其在人才培养上仍事必躬亲，对于"好苗子"则不遗余力精心培育。冼星海特别为李焕之等人组成"高级研究班"，亲自教授作曲及指挥等课程，这种单独"开小灶"的培养方式为李焕之在艺术上取得进步又提供了更多的养分。

从延安"鲁艺"第三期开始，李焕之在教学之余又从事作曲、指挥、写作音乐评论等，并在根据地物质条件极为匮乏的情况下，不计报酬、不辞辛劳地主编了当时最主要的两份音乐刊物及一批音乐教科书。李焕之还热情参与、积极推动开展群众性的音乐活动，发挥音乐在革命战争年代鼓舞人民群众的号角作用。在1939年延安掀起的大生产运动中，李焕之担任《生产运动大合唱》中打大锣的乐手，而在"鲁艺"其他演出中，李焕之因会使用多种乐器，又要担任乐队的伴奏。

1940年，李焕之的恩师冼星海前往苏联，李焕之开始接替恩师担任音乐系合唱队指挥，多次指挥演出了冼星海的《黄河大合唱》，并为其编写管弦乐队伴奏总谱。在此过程中，李焕之更加深刻地领会到合唱艺术的独特魅力，也树立了在恩师取得成绩的基础上，力求使中国的合唱艺术在民族性、多样性方面取得更大突破的信念。在延安期间，李焕之谱写的大合唱曲目有《中国女子大学大合唱》、《我们齐声唱——党的颂歌》、《青春曲》及《宝塔山下延河边》、《红旗的歌》、《团结抗战》等。1942年，李焕之参加了延安文艺座谈会，认真聆听了毛主席的重要讲话，随后参与了轰轰烈烈的新秧歌运动，并逐步树立了到民间去、向群众学习的创作理念。

在艺术道路上不断取得进步的同时，李焕之在延安也收获了个人爱情的硕果。1942年6月，"鲁艺"最年轻的教师李焕之与最年轻的学生李群结婚了，他们不但是人生路上的爱情伴侣，也是音乐之路上的知音，二人经常合作谱曲，共同推敲，在事业上相互扶持，共度一生。

迎接抗战胜利 奔赴广阔天地

在艰苦卓绝的抗战时期，李焕之始终坚持战斗在延安，革命战争年代的艰苦生活不但历练了李焕之坚忍不拔的品质，也为其艺术成就的取得提供了宝贵的精神养分与生活体验。1945年4月，歌剧《白毛女》在延安上演，这是中国歌剧历史上的一座里程碑，该剧既继承了中国戏曲音乐的传统，又借鉴了西洋歌剧的经验，一经推出就获得了巨大成功。李焕之就是锻造这座丰碑的重要奠基人之一，如《王大春心中似火烧》等唱段就出自李焕之之手。这一重大成果的取得，与李焕之在延安时期对民间音乐的搜集和研究密不可分。李焕之在延安新秧歌运动中的生活体验与创作经验，还成为另一经久不衰的经典佳作——《春节组曲》的创作来源。《春节组曲》是李焕之通过对抗战时期陕北革命根据地军民共度节日时生活情景的回顾，声情并茂地表现了根据地军民团结一心、充满革命乐观主义的新气象。

1945年8月，中国人民迎来了抗日战争的伟大胜利，李焕之夫妇作为"华北文艺工作团"成员，立即奔赴华北新解放区开展工作。告别了战斗生活了7个年头的革命圣地延安，李焕之未来将在更广阔的天地为人民群众创作出更多优秀的音乐作品，而延安岁月也成为李焕之一生中最为宝贵而难忘的时光。

老台胞郑兴华　椰汁当酒庆光复

郑兴华，原名郑长庚，1922 年生于台南，祖籍福建省南靖县，1944 年被日本殖民者强征参军派往海南岛，后脱离敌营加入琼崖纵队，投身抗日行列。

65 年前的 10 月 25 日，海南岛上的椰子见证了郑兴华生命中最欢呼雀跃的一刻。

"我们奔走相告，高呼台湾回归祖国！海南岛有很多椰子，我们就

琼崖纵队的女战士

1945 年 10 月 25 日，台湾结束长达 50 年的日本殖民统治，重回祖国怀抱。这一天，郑兴华终于可以拂去心头积压已久的阴云：出生于台南的他从小学到中学，一直被日本学生叫骂为"清国奴"；从台南商业学校毕业后，和当时绝大多数台胞青壮年一样，无法掌控自己的命运，被日本人强征到海南当翻译。

上世纪四十年代，日寇从台湾征、抽、募六七万青壮年到海南岛服役。1944 年 6 月，从高雄港出发到海南岛三亚港时，郑兴华对未来十分茫然，但他记住了一点："当我父亲得知我被征时，交代我的祖籍地：福建南靖县逻头二甲十八山溪，叫我记在脑子里。同时嘱咐我：我们是中国人！"

郑兴华于 1944 年从台南商业学校毕业被强征到海南岛日军中当翻译，到达海南后，郑兴华即主动为琼崖纵队第三支队提供日军情报和医药制品，身份暴露后投奔琼崖纵队，并和台中人李朝山、邱火荣等 20 名台籍人继续做日军中台籍士兵的瓦解工作。至日本投降，他们共从日军军营里夺取三八式轻机枪 1 挺，转盘式机枪 1 挺，步枪 10 余支，手枪 10 多支。日军中台籍士兵起义，不仅粉碎了日本多年来从思想上奴化台湾人的美梦，而且动摇了日军军心，分散了敌人的兵力。

"从闽南迁移到台湾，我是第四代了。"老人家用闽南话对记者说。

这个在日军中被迫名为"大河"的年轻人，牢牢记住自己的根。在海南，他经常接触进步同胞和革命人士，最终成为琼崖纵队第三支队的一员，投身抗日行列。为此，他把原先的名字"郑长庚"改成"郑兴华"。

"兴华就是为了中国的发达，参加革命。"他说。

凭借着在日军中当翻译的便利，郑兴华把很多内部情况透露给抗日组织，帮助消灭了很多敌人。台湾光复后，他又参加了中国人民解放战争。这些革命经历，使郑兴华获得好几枚勋章和纪念章，看着它们，老人就能讲出许多故事来。

而让郑兴华谈兴很高的，还有一本本相册。在高雄姐姐家，在台北故宫博物院前……一张张珍贵的相片记录了他 1993 年回台湾探亲的点点滴滴。而他也在自己大陆的家里接待过好多台湾的亲戚，每次听到他们慨叹"大陆发展很快""沿海盖的房子相当漂亮"时总是十分高兴。

对郑兴华来说，海峡此岸和彼岸都是至亲的所在：大陆有妻子、大儿子、二儿子；台湾有姐姐、妹妹、舅表、姑表、姨表等。目前，来大陆做生意的台湾人已达百万人，两岸关系密不可分。

从"清国奴"到日本翻译，到抗日战士，再到探亲台胞……经历了人生的风风雨雨，现在郑兴华最关心的就是两岸关系的新发展。即使躺在病床上，他也坚持每天看报纸，阅读其中刊载的有关两岸关系的报道。

"两岸签订了经济合作框架协议，台湾经济恢复得就比较快，再加上中央对台政策英明，台湾乡亲都很感动。"郑兴华说，和平来往对两岸都有利，对中华民族都有利，希望两岸关系的和平发展给百姓带来更多福祉。

何标　潜伏敌军进行抗日活动

何标，1926 年生。原名张光正，台湾台北县板桥市（今属新北市）人。是台湾新文学运动先驱者和文学家张我军的长子。1945 年春参加八路军，受抗日根据地派遣，打入日伪绥靖军（原治安军）清河军官学校，进行瓦解敌军工作。1947 年参加中国共产党。1949 年 7 月经台湾民主自治同盟主席谢雪红介绍加入台盟，并调到上海华东局台湾工作委员会工

八路军时期的何标同志

作。不久，又调到解放军第九兵团，参与解放台湾的备战。1950 年舟山战役时，奉命与助手登岛进行侦察活动，缴获了国民党军藏匿的枪支和电台。后在解放军总部任职多年，1985 年离休。被中央军委授予"独立功勋荣誉章"及中共中央、国务院、中央军委颁发的"中国人民抗日战争胜利 60 周年纪念章"。为中国作家协会会员，编辑出版有张我军全集、选集、评论集及个人文集等多册。

何标的父亲张我军，自幼即不满日本霸占台湾和实施同化政策，他在板桥公学校毕业后，半工半读，利用业余时间，在私塾和书院研习汉文和新知识。1921年被所属的银行调到厦门支行工作，其间深受祖国大陆"五四运动"新思潮影响，成为轰击台湾旧文坛壁垒的急先锋。并且用白话文创作文学作品，出版了台湾第一部白话文诗集。1929年自北平师范大学毕业后，即定居北平，再也不愿回到日本殖民统治下的台湾。

1931年"九·一八"事变爆发，张我军因不愿重新落入日人魔掌，离开北平南下避难月余，局势稳定后返回。6年后，"七七事变"爆发，这位憎恨日本侵略的台湾学者，被迫滞留于沦陷区。他悲愤难消，曾独自在书房用毛笔在旧报纸上反复书写杜甫的五言诗《春望》："国破山河在，城春草木深，感时花溅泪，恨别鸟惊心……"书毕长叹一声，即将写字的报纸焚毁。

何标在这样的环境中成长起来。1942年8月，他升入北京志成中学高中部，开始接触大量社会主义革命和反抗日本帝国主义书籍。在先进同学影响下，如饥似渴地阅读《从一个人看一个新世界》（斯大林传）、高尔基的《母亲》、《瞿秋白文集》、萧军的《八月的乡村》、胡绳的《政治经济学讲话》、艾思奇的《大众哲学》、鲁迅的杂文等，进一步加强了民族意识，使世界观和人生观得到改造和升华。

1943年，何标和几位志同道合的同学，自行成立信奉马列主义，反抗日本帝国主义，联合抗日分子的"拓荒垦殖小组"秘密组织，并寻求与敌后抗日根据地的联系。他们还与当时受到"晋察冀城工部"秘密联系指导的北京进步学生团体"海燕社"密切接触。

1944年7月，老同学徐国光从敌后抗日根据地被派回北京工作，他以学生身份作掩护，与何标等编辑出版油印刊物《台风》，在学生中秘密散发，宣传抗日。1945年年初，徐国光原定带领何标等人去敌后根据地，因联系不畅，直到1945 年 3 月 26 日才成行。临行前一晚，何标兴奋过度而失眠，次日拂晓又疲倦至极而入睡，错过与徐国光约好的见面时间。徐久等不见何的身影，情急之下，只身闯进西单南大街伪警察阁子，拿起电话就与何标家通话。值班的伪警还没醒过神来，只见身穿棉长衫的黑脸汉子，动作粗鲁，态度蛮横，还以为是日伪小特务在办案，竟没敢盘问。此时，在家熟睡的何标被电话铃声惊醒，猛然跃身，提起行李便溜出家门，急

何标近影

速赶往约会地点，与徐国光及时赶到前门火车站，与同行者汇合。

他们一行 8 人从前门站上车，在河北定县下车。入夜后由化装成当地村民的交通员引导，来到伪军岗哨。岗楼上的值班伪军探头向下问道："干什么的？"交通员答："回家去。"双方用简单暗语对答后，一行人就在与根据地有联系的伪军岗哨掩护下，绕过日军炮楼，通过封锁沟，到达一大片开阔平坦的隔离带。当时天空晴朗月光明亮，炮楼上的日军在熟睡，正秘密穿越隔离带的何标等一行，如于此时被日军惊醒发现，就会在炮楼上用机枪扫射，那一行人恐都难以逃脱。所幸他们的行动轻盈迅速，得以顺利通过隔离带，进入晋察冀抗日根据地边缘区，最终到达晋察冀首府阜平县的田子口村。何标参加八路军后，为了沦陷区家人的安全，循例将原名改换成现名。

在根据地的 3 个月期间，何标等新参军成员，深深体验到敌后根据地浓厚的抗日氛围和极其艰苦简朴的生活，以及八路军上下级平等和军民一致的民主作风。为响应开展大生产运动，减轻人民负担，他们在海拔 2000 米的神仙山山顶，参加开垦生荒地的艰苦劳动。当时正值中共在延安召开"七大"，他们有幸率先学习"七大"的重要文件，提高了对抗战形势的认识和理解中共的各项方针政策。

晋察冀军区的康健生部长决定派何标回北平工作，经多次交谈研究后，由一名携手枪的政治交通员护送何标下山。不料在途中见到前方山顶上的哨树接连倒下，传来日军进山扫荡的信息。附近村庄的村民已经转移，没有民兵带路，一不小心就会踩到给日军准备的地雷。政治交通员凭经验绕道前行，登上一个小山岗时，只见地上布满钉子皮鞋底的脚印，几堆马粪还冒着热气，说明日军刚刚离去，吓得他俩出了一身冷汗。但在交通员机智灵活带领下，何标终于到达游击区，顺利进入敌占区的定县车站，返回北平家中。

康部长交代何标的任务有二：一是动员他的父亲张我军去抗日根据地参观。二是打入绥靖军清河军官学校，从事瓦解伪军的潜伏工作。张我军听了何标介绍在敌后抗日根据地的所见所闻后，对根据地的政策十分认同，答应前往根据地参观访问。绥靖军清河军校是培养侵华日军帮凶的伪军军官学校。对何标报考该校，家人、亲友和同学都很不理解，使何标为此遭受不能申辩的误解和委曲，只有了解真相的父亲，才知道他是在从事抗日秘密活动。这所伪军军官学校实施封闭式法西斯管理，要求严苛，待遇菲薄，一些受不了苦的学员开小差又被抓回毒打。何标入校不久全身皮肤感染疥疮，无法医治还得照常出操，在父亲多次送药医治后，才得以康复。

何标入校月余，日本便宣告投降，随后该校被国民党第十一战区接收。1945 年 10 月，八路军先头部队进驻北平郊区。经何标安排，他的父亲应邀出城，与驻扎在西郊妙峰山下的中共北平市委一位负责干部相见，这位干部是张我军的学生甄华同志。当天一早，何标陪同父亲去了西单路口，指认将骑车引导父亲去南安河村的交通员后，便匆匆与父亲道别。令他没有想到的是，目睹父亲骑车随交通员渐渐远去，竟然是与父亲的永诀。此后，他随清河军官学校开赴保定，并继续留在大陆参加革命战斗，父亲则在从南安河回家后不久，就只身南下返回家乡台湾了，两人从此再无见面机会。

日降后，国民党当局为了抢夺沦陷区地盘，竟将日伪清河军官学校学员换上国民党军军服，假冒"国军"接收河北省保定市，这一"以伪充真"的勾当，很快被保定市民揭穿，加之国民党"接收大员"在各个"收复区"的胡作非为，内战风云密布，致使社会人心浮动。清河军校在保定被改编为"河北省保安干部训练所"后，学员很快对国民党政权丧失信心，纷纷考虑个人的前途出路。何标等打入人员则乘机煽动，以促使将为国民党军打内战培养干部的这个训练机构，军心涣散，濒临解体。

由于潜伏期间，何标的活动有所暴露。而其舅、国民党军少将罗文浩已奉命兼任河北省保安干部训练所教育长。他对何标的思想倾向和报考清河军校的动机有所怀疑。最终，何标经领导人同意撤离保定，返回解放区。于是凭着舅父的关系，以考大学名义从保定脱身回到北平。由于全面内战即将爆发，何标急于寻找去解放区的路线，不得不深情告别了即将南下去台湾的母亲和弟弟。随即化装成小贩，乘火车至河北昌平，顺利混过国民党军关卡，进入解放区。途经宣化时，内战炮火已经打响，徒步行走到张家口后，找到了所属的部队。

至此，何标潜伏敌军进行的抗日活动已告终结。他为了实现全国人民的解放和台湾同祖国的统一，继续迈向了新的革命征途。

文英（陈定澜） 热血楷模

文英，原名陈定澜，1924年生于台中县梧棲港。1934年随家人移居北京，1942年就读北京市立第三中学高中部期间，1943年考入北京大学政治系。1945年1月投入抗战工作。

文英（摄于1949年）

1937年"卢沟桥事变"后，大陆掀起了全民族抗战的热潮，许多台湾同胞来到大陆，其中包括一些学生。这些在祖国大陆的台湾学生，很多都加入到抗日的队伍中，或是直接参战，或是做后援工作，表现为从事宣传教育和医疗救护活动，为抗击日寇，拯救祖国贡献着自己的力量，文英就是其中的一员。

勤奋学习是为了"打回老家去"

文英1934年随家人从台湾来到北京，关于来北京的原因，文英回忆道，"当时我的父亲认为，台湾已经成为日本殖民地，台湾人只能做二等公民，因此我们在台湾读书没有出路，所以索性倒不如来大陆闯荡一下"。于是，文英的父亲带着一家人来到北京。文英在上小学五年级的时候，课本的一篇课文给他留下了深刻的印象。这篇课文讲的是南京一所小学来了一个台湾插班生，文章的一开头写道："台湾糖，甜津津，甜在嘴里痛在心。"文英的老师在为大家讲解课文时满怀深情地说道："台湾是中国的领土，现在沦丧在日本帝国主义手里；同学们要记住这个仇恨，要收复土地，洗刷国耻"。老师的这番话慷慨激昂，但对这些远离台湾，年少不知愁滋味的大多数同学来说，这些孩子还太小，根本就无法体会做亡国奴的辛酸。但对为不堪日本殖民压迫而背井离乡远赴北京的文英来说，却有着切身的体会。

对于北平卢沟桥事件，文英有这样一段描述：

> 1937年卢沟桥事变爆发时，我是在南城同安会馆院内日夜听着枪炮响声。当二十九军大刀队英勇杀敌的喜讯传来时，我和市民一样高兴，受到鼓舞。7月28日下午，盛传二十九军大挫日军并收复了丰台，城内各处燃放鞭炮庆祝，气氛热烈。第二天早晨市内就寂静下来，国民党军队往南撤，北平沦陷了！日军在沦陷区实行血腥的高压政策，市民没有言论、结社自由，整日提心吊胆，总怕横祸飞来，大家紧闭门户，蜷缩在家里，北平变成一座死城，一座人间地狱。我惘然，认为又当亡国奴了，从此放学后就赶快回家，那一切都让人感到悲观、失望，我消沉地度着岁月。

1942年，文英升入当时的北京市立三中，高中二年级时，老师鼓励同学们准备报考大学，报效祖国。文英的志向则更加特别而坚定，他要为台湾挣脱日寇的统治、归还祖国而努力。权衡再三后，文英决定报考北京大学政治系，要运用所学知识帮助台湾人民早日脱离日本侵略者的统治。树立这一志愿后，文英更加奋发努力，不断勤奋学习课本上的知识，还利用课余时间沉浸在北京图书馆、第二民众教育馆，饱览《政治学概要》等书籍。经过刻苦学习，特别是在解放受苦受难的台湾同胞目标的激励下，文英终于于1943年考取北京大学政治系。同年，文英参加了中共北京地下党的一个外围组织"海燕社"，读了一些进步书籍，接触了许多进步人士，开始了解学习一些马列思想。

1944年春，也是文英爱国思想飞跃的一年，他这样记载那段难忘的年代：

> "海燕社"的三四十名男同学去玉泉山春游，我是陈君邀去的。大家三三两两边走边谈，谈形势，谈青年的责任，谈"打倒封建主义"、"共产主义制度一定代替资本主义制度"。"布尔乔亚"、"普罗列塔利亚"等等名词，许多同学脱口而出。中午在山坡上一起用午餐，一些同学唱起了《义勇军进行曲》，春游对我来说可谓耳目一新，使我接受了很多新观念。

> 春游之后的一天下午，同学陈君和我到北京图书馆看书，和燕冀女中的四位同学相遇，我们一起到面对北海白塔的岸边坐下，谈各自家乡的情况、青年应走什么路等，一谈就是一下午，直谈到图书馆要闭大门才出来。

> 春游中结识了何标等四位同学，他们给我带来艾思奇的《大众哲学》、列昂节夫的《政治经济学》。以后大家或去景山，或去太庙（现劳动人民文化宫），更换新书，交谈读书心得。当时刚好我家购进一所坐落在府右街太仆寺街口的房屋，需要翻修，夜间叫我一人看守空房，我利用这无人来打扰的长夜，认真读书，并作摘要。《萍踪寄语》、《萍踪忆语》、《海上述林》（瞿秋白著）、《中国怎样变成殖民地半殖民地》、《新哲学大纲》（米丁著）等进步书籍都逐章逐句读，也读了

平心、寒松、钱亦石、鲁迅、茅盾、丁玲、萧军、胡绳等人的著作。这坚定了我坚决抗日和要为民族解放、为台湾回归祖国贡献力量的决心。

奔赴敌后抗日根据地

大学期间，文英与很多同学都参加了抗日爱国宣传队，文英还成为了其中的积极分子。文英等台湾学生在宣传队的工作主要有：大力宣传抗日的意义，动员民众团结起来，共同对敌；宣传台湾，使大陆的广大群众了解台湾，支持台湾人民的抗战，从而收复台湾。台湾学生的宣传活动，在纠正大陆一些人对台湾人的误解，加强大陆和台湾同胞之间的团结，争取各方面对台湾同胞抗日斗争的支持，鼓舞大陆军民抗战的士气和信心等方面，发挥了重要作用。

1945 年 1 月，尚在北大政治系读书的文英毅然决定"到解放区去"，并历经千辛万苦走上了通往解放区的道路。一路上，文英见到许多烧毁的房梁、倒塌的砖块、逃难的人群……祖国的大好河山竟这样被日本人践踏，心

文英（摄于 1954 年）

里很不是滋味。最终，文英等人终于克服了很多艰难险阻，来到了解放区。在那里，文英成为抗日民族统一战线的一员。

8 月 15 日，振奋人心的日寇投降的喜讯传来，文英他们在山沟里彻夜狂欢来迎接这个来之不易的伟大胜利。

广大抗日将士为争取抗战胜利而英勇献身的精神，不畏艰难困苦、奋发向上的革命乐观主义精神，深入群众、联系群众的好作风，对敌人"同仇敌忾"，对朋友团结、友爱、互助的优良传统……这些都将永远留在这些爱国的台湾青年的记忆里。

郑坚　台湾义勇队少尉队员

郑坚，原名郑鸿池，1927 年出生于台湾彰化。1937 年，因其父郑水河参加抗日组织遭日本通缉，举家迁至福建厦门。1945 年，随父亲参加抗日组织台湾义勇队。

2008 年 12 月 15 日，两岸实现三通当日郑坚在北京两岸直接通邮仪式上投寄寄往台湾的家书

1946 年秋考上台湾光复后第一批升学内地大学公费生，赴厦门大学就读。在学期间，积极参加爱国学生运动，并加入中共地下党。1949 年年初加入福建省闽南游击队，先后任永春县人民游击队大队政治处副主任、永（春）德（化）大（田）县工委书记。新中国成立后，调入中国人民解放军第十兵团政治部任"台湾干部训练队"队长，后转业至福建省农业厅和省农林水办公室任科长。1974 年至 1981 年间，担任福建前线广播电台（今海峡之声电台）副总编辑。1981 年，当选为全国台联专职副会长兼秘书长，并连

任两届副会长。1983年，当选为第六届全国政协委员。同年参与《台声》杂志筹办并任首任总编辑、社长。2008年，作为台胞代表投下直邮寄往台湾的第一封家书。

- -

1927年，郑坚出生在台湾省彰化县西门町。7岁时，被祖父接到乡下，就读于和美镇国民学校。在这所殖民者专为台湾子弟开设的灌输"皇民化"思想的小学中，郑坚尽管在班级中成绩第一，但仍因讲闽南语屡受老师拧耳朵、打手心的摧残。在此环境下成长的郑坚，自小立下抗日之志，并在此后的磨炼中，锤打出一颗对祖国母亲的挚爱之心。

从台湾义勇队队员到首批公派生

1937年，郑坚父亲郑水河因参加抗日组织"台湾文化协会"被日本殖民当局通缉，举家迁至祖籍地福建厦门，继续从事抗日斗争。郑坚也跟随父亲来到大陆，并投身抗战。1938年，厦门沦陷，郑坚一家在闽南一带过着流亡生活。在此期间，年幼的郑坚不得不在小学四年级到六年级期间，先后更换了7所学校。1939年，其父参加台湾人李友邦将军在浙江金华成立的台湾义勇队，并担任该抗日组织闽南办事处主任。1945年春，在父亲鼓励下，郑坚第一次投笔从戎，在福建集美高农尚未毕业之际，就加入台湾义勇队，成为这支"复疆部队"的一名少尉队员。

1945年抗日战争胜利后，郑坚先是代表台湾义勇队在龙岩、泉州一带从事扩招队员的工作，然后在父亲的安排下，与10多名台湾乡亲一同从厦门出发回到台湾探望阔别8年的亲人。在回到彰化县和美镇看望了祖父等亲人后，郑坚随即赶到台北找到台湾义勇队副总队长张士德，在张士德处协助推动成立台湾各地的维持社会秩序的"社会服务队"，以应对日本已经投降、中国政府尚未正式接收的台湾社会乱状。在协助"社会服务队"工作一段时间后，郑坚又凭借其在大陆生活多年掌握的一口流利国语（普通话），担任彰化女中国语教员，为结束长达半个世纪殖民统治的岛内乡亲讲授国语。

1946年，台湾省长官公署决定公费保送一批青年精英回大陆的北京大学、复旦大学、浙江大学、厦门大学等8所名校升学就读。郑坚作为首批公派学生之一，被保送到厦门大学。入学不久，郑坚即投身爱国民主学生运动之中，担任中共厦大地下党总支部委员兼支部书记。

1949年年初，郑坚第二次投笔从戎，加入闽南游击队，并成长为游击队的领导，担任永春县人民游击队大队政治处副主任，中共安溪中心县执委兼永（春）德（化）大（田）县工委书记，"郑坚"之名正是从这一段地下工作期间开始使用。在此期间，郑坚与一位同样投身解放战争，因福建解放而改名为"解闽"的上海姑娘相识相爱，并结为夫妻。

从电台副总编到杂志总编辑

新中国成立后，郑坚一直奋战在祖国的统一战线岗位上。1950年，郑坚调入中国人民解放军第十兵团政治部，任"台湾干部训练队"队长，准备为解放台湾的部队当向导，做群众联络工作。然而，每天都想着"解放台湾，就可以和阿母见面了"的郑坚，万万没有想到当年6月25日爆发的朝鲜战争打断了他的回乡梦。朝鲜战争爆发后，美国第七舰队侵入台湾海峡，人民解放军解放台湾的战斗就此搁置。

此后，郑坚转业至地方政府部门，担任福建省农业厅和省农林水办公室科长。1974年春，郑坚第三次投笔从戎，应召回到中国人民解放军，到福建前线广播电台（今海峡之声广播电台）从事对台广播，担任电台副总编辑。在此期间，郑坚利用他掌握的台湾方言，驾轻就熟地做起了争取海峡对岸台湾人民赞同祖国统一的宣传工作。

1981年，郑坚作为台胞代表，参与中华全国台湾同胞联谊会的筹备工作，并于当年底全国台联成立后，当选为专职副会长兼秘书长。在1983年的第六届全国政协会议上，全国台联第一次作为台湾同胞组织参政议政，郑坚担任政协台联组组长，向时任全国政协主席、中共中央对台领导小组组长邓颖超反映台湾同胞殷切期盼"出头天"、自己当家做主人的强烈愿望。在随后的1984年、1986年，郑坚先后参加了在西德海德堡举行的第十一届世界台湾同乡会联合会年会、在美国圣迭戈举行的第十二届世界台湾同乡会联合会年会，同众多海内外台湾同胞广泛接触和交流。

1983年春，全国台联创办《台声》杂志，郑坚参与筹备并担任首任总编辑和首任社长。在全国台联和《台声》的工作岗位上，郑坚全身心地投入祖国和平统一的事业。作为地道的出生在台湾的中华儿女，郑坚始终满怀热情，投入祖国和平统一事业的宣传工作中，不仅宣传中央的各项对台方针政策，而且还为对台政策积极建言献策。

从工作岗位退下后，郑坚仍不忘为祖国的统一事业以及台湾同胞的利益奔走呼号。在陈水扁执政期间，郑坚多次撰文抨击"台独"，揭露"台独"分裂势力的险恶用心。此外，郑坚还积极参与台胞利益争取工作。2008年"两会"复谈前夕，郑坚与何标等老台胞一起联名倡议通过全国台联和台盟中央致函海协会，恳切请求海协会向台湾当局呼吁修订"两岸人民关系条例"，以保障居住在大陆的台胞回台探亲、奔丧及扫墓的基本人权，不受岛内是否有一、二等亲人申请的限制。

两岸直邮寄家书第一人

2008 年 12 月 15 日，两岸关系迎来历史性一刻，郑坚也迎来了他人生当中欢欣鼓舞的一刻。在这一天，两岸直接通邮正式启动。在北京航空邮件交换站，满头白发的郑坚作为台胞代表，投下第一封直邮台湾的家书，成为两岸直接邮寄家书第一人。

这一封家书承载了郑坚近 60 年来的骨肉分离之情。1949 年，两岸进入长期隔绝状态。郑坚及其大姐、二弟因随父亲在大陆参加解放工作的缘故，一直留在大陆。而郑坚的母亲和两个妹妹、三弟却留在台湾。从此，一家人开始"一半在大陆，一半在台湾"的分离生活。在此期间，郑坚一家曾承受着音讯隔绝，家人生死不明的痛苦。留在台湾的母亲更苦，不知道在大陆的丈夫及儿女的生死，只能经常到寺庙中掷签求佛，"每次祈祷时，手里拿着两支木签，往地上一摔，如果一正面一反面，就说明家人还活着"。郑坚提到此事时说，"说来神奇，母亲后来告诉我，几乎每次都是一正一反"。上世纪 70 年代后期，郑坚任职福建前线广播电台期间，他的大姐曾通过电台表达思乡之情，并告知海峡对岸的亲人"我们姐弟在大陆生活得很好"。电波穿越海峡后，被郑坚一位乡下的亲戚听到。这位亲戚特意跑到郑坚母亲家中，将消息告知于她，母亲才知道亲人尚平安在世。

1981 年，郑坚一家终于迎来团圆一刻。当年 5 月，郑坚之母不顾台当局禁令，辗转美国旧金山，飞抵大陆。在福州机场，郑坚的父母久别重逢，郑坚与其在大陆的姐弟也终于见到了阔别 33 年的母亲。相见瞬间，一家五口抱头痛哭。第二年，郑坚远在美国的三弟以及在台湾的二妹也都飞抵大陆，一家人再次相聚北京。在这年，郑坚之父带着与离散家人重逢的满足，安然离开人世。

1987 年，台当局正式开放赴大陆探亲，海峡两岸关系也迎来融冰之日。当年底，郑坚寄出了近 40 年给台湾家人的第一封家书，这张薄薄的贺年卡片，在辗转香港近两个星期之后把他的新年祝福成功送到了母亲手中。此后，郑坚之母又两度绕行美国，来大陆探望儿女，享受得来不易的天伦之乐。1991 年，郑坚之母去世，但作为大儿子的郑坚却没能见到母亲最后的面容，他的赴台申请没有通过台当局审查，他的回家之路依旧阻碍重重。

经过了长时间的等待，郑坚终于在 1998 年借参加学术会议之机，回到了久违的故乡。参会之余，郑坚在家人陪同下，一路驱车赶回彰化老家。看到 50 年前住过的窄窄的吴家巷还在，但楼下的的照相馆早已不见了踪影。和美镇七张犁村的土坯老宅也换成了邻家的三层小楼。匆忙中，郑坚甚至还未来得及祭扫祖父母的坟墓，便结束了这次离乡 50 年后的 4 小时回乡之旅。

时间有时残酷，但有时也让人温暖。与母亲等亲人隔绝音信 30 余载，与故乡久违 50 余年的郑坚，在 81 岁的时候，作为台湾同胞代表，寄出了大陆第一封直邮台湾的家书。满足了期盼多年的"两岸三通"愿望的郑坚，兴奋地提笔写下"台翁晚居京城北，静心湖畔好怡年。喜闻两岸大三通，终见亲人皆开颜"的诗句。当然，这位自称"出生在台湾，尝过当日本殖民地二等国民的滋味，18 岁就投笔从戎，参加台湾抗日义勇队，为光复台湾而奋斗，为台湾乡亲的出头天，当家做主人奋斗了大半辈子"的老人，还有一个未了的心愿，就是"盼望着祖国统一的一天尽快到来"。2013 年春节，86 岁的郑坚给两岸亲人发的贺年卡称："一生奉公为农工，八六康福享国隆，问朽犹有何所求，尚祈两岸早和同。"这是郑坚坚定的愿望，我们祝福他能早日实现。

杨诚　把一生献给亲爱祖国的台湾人

杨诚（1916—1966年），台湾台南市人，原名杨继诚。1937年加入中国共产党，抗日战争期间赴延安学习工作，历任共青团候补中央委员兼学工部副部长，第二届国际学联副主席，航空部成都航空发动机制造厂厂长，四川农业机械学院副院长。

杨　诚

杨诚一生虽短暂，但却是革命的一生，公而忘私的一生，勤奋创业的一生，其品德、风范高尚，为民族独立和解放、为我国的航空工业及农业机械化做出了重要贡献，为我国社会主义建设鞠躬尽瘁，为共产主义事业奋斗终生。

投身抗日救国与解放战争大潮

杨诚1916年12月出生于台南市一个小商人家庭，1917年随母去印尼中爪哇日惹市与父亲团聚，侨居于印度尼西亚。1928年毕业于日惹中华小学。

1930 年，14 岁的杨诚怀着向往祖国的赤子之心由印尼回到祖国求学。先是就读于厦门集美学校，在此期间"九·一八"事变和上海"一·二八"事变的发生，激起了杨诚的爱国义愤，他积极地参加抗日宣传和抵制日货运动。1932 年，杨诚在上海光复中学读书，耳闻目睹了旧上海滩的种种黑暗和不平等，国民党政府对共产党人和爱国人士的残酷镇压的触目惊心。自此，开始思考"中国社会的出路在哪里?""中华民族的出路在哪里?"并开始关注中国共产党的主张与行动，逐渐对其产生同情和钦佩。

1934 年，杨诚在北平大学法商学院读书。1935 年 12 月 9 日，轰轰烈烈的"一二·九"抗日救国运动在北平爆发，杨诚开始意识到，"只有保全民族和国家，才有个人和家庭的前途"，他积极投身于"一二·九"抗日救国运动之中，从此走上了革命道路。1936 年，杨诚加入了抗日救亡组织"中华民族解放先锋队"（简称"民先队"），在"民先队"中先后担任过分队长和区队宣传干部，并在总队部负责交通、印刷等工作。成为中国共产党领导下的进步青年组织的一员。这段时间的经历，对提高杨诚的马克思主义理论水平及树立共产主义的世界观、人生观发挥了重要作用。

1937 年 7 月 7 日卢沟桥事件爆发，杨诚深刻的认识到"应抛弃一切，包括家庭利益和个人前途，投身到革命的最前线，为民族解放事业而奋斗"了，当年 10 月，他和民先队的一些同志在中共地下组织的帮助下，经西安，投奔革命圣地延安，并于同年 11 月加入中国共产党。在延安 8 年期间，杨诚先进入陕北公学学习，后在中央青委安吴堡青训班担任队指导员，干部队（政治处）主任和"泽东青年干部学校"指导员兼中国问题教员等。由于熟悉印度尼西亚语和英语，还参加了中央海外工作委员会的工作，他还是 1940 年 5 月成立的"延安华侨救国会"的负责人之一，参与了最早期的侨联工作。

抗日战争胜利后，国民党发动了内战。1946年2月，杨诚被选调到北平军调处执行部中共代表团工作，先后在保定小组、泊头小组、香河小组及交通处任英语翻译，在此期间曾在时任中央军委副主席周恩来身边担任翻译，因工作勤奋认真、应变能力强，深得周恩来赏识。1947年春，杨诚随中共代表团撤回延安，投入到建立新民主主义青年团和筹建中央团校的工作中。

杨诚在北京军调部

1948年7月，杨诚被叶剑英点名借调到华北军政大学担任台湾队政委，主持台湾队培训。在此期间做了大量工作，发挥了重要作用，叶剑英在给中央青委的信中评价到"杨诚同志在军大帮忙数月，给台湾队今后学习建立了初步基础，我们深为感激"。同年12月，杨诚回到中央青委任中央团校教育处副主任。

1949年1月16日，天津战役胜利的第二天，中央团校学工人员进入天津，参加接管工作，杨诚随团赴津。同年4月中旬，中国新民主主义青年团第一次全团代表大会在北平召开，杨诚当选为团中央候补委员。1950年6月，杨诚任团中央学生工作部副部长；7月，担任中国学联代表团团长，率团参加在捷克首都布拉格举行的国际学联第二次代表大会，据当年的新闻报道称，杨诚在大会上的发言轰动了全场，各国代表纷纷上台表示祝贺和拥抱，与会的亚非拉代表们兴奋地将他高高举起来，绕场一周，全场欢呼"毛泽东"向中国致敬，雷鸣般的掌声和欢呼声长达二十分钟之久。这场景让杨诚万分激动，他也为自己能为刚刚站起来了的中国人民在国际上赢得荣誉而感到自豪和光荣。会上他当选为第二届国际学联副主席。

为祖国的航空与教育事业呕心沥血

1952年年底，为实现建设现代工业强国这一多年来梦寐以求的愿望，杨诚主动申请从团中央调到工业战线上工作。当年12月，被任命为第二机械工业部航空局副局长。为了更快地熟悉和掌握航空工业的业务知识，他请求先到基层企业工作。组织上同意了他的请求，于

杨诚在布拉格国际学联大会发言后被亚非拉代表举起

1953 年 1 月批准他带职到沈阳航空发动机修理厂为实习厂长。他到厂后甘当小学生,深入到车间班组和科室,虚心向苏联专家、技术人员、管理人员和工人师傅请教。很长一段时间里,他都坚持每天下班后再花上两小时,请技术人员讲课。他的深入实际,好学上进的作风,使他在较短的时间内就熟悉了航空工业知识,掌握了工厂生产的基本情况,取得了发言权,他的工作也赢得了工厂广大干部和职工的好评。1953 年 11 月任命为第一副厂长。杨诚在沈阳工作的 6 年间,参与完成了"一次并厂、两次支援、两次包建新厂"的重大调整工作,分别是接收原满洲兵工厂(再早是张作霖的 90 兵工厂),支援一个飞机配件制造厂和一个飞机修理厂,包建沈阳航空发动机制造厂和成都航空发动机厂。为我国航空工业初期建设做出了突出的贡献。尤其是包建成都航空发动机厂,真可谓是艰苦卓绝。

1958 年 11 月,二机部正式下达文件,指定 111 厂(沈阳航空发动机修理厂)负责成套包建成都航空发动机制造厂。杨诚作为新厂第一任厂长先期来到了四川成都为新厂选址,为保证职工和设备搬迁转移的安全和顺利进行,做了大量细致的组织工作。那时宝成铁路还未通车,只能从大连乘船绕上海走长江航运入川,从沈阳到成都,六千多职工及家属扶老携幼,经水路和陆路千里迢迢,途经数省的大搬迁,困难之大无以言表。尽管准备时间短,条件差,交通难,却做到了指挥有力,计划严谨,部署周密,让 3800 多名职工,2882 户家属的转移和 390 多台套设备及大批工具仪器等物资的运送都做到能有条不紊,安全妥善地到达成都。成都航空发动机制造厂在 1959 年当年就迅速投入了生产,在祖国西南大后方,为我国航空工业矗立起了又一座现代化飞机发动机制造厂。该厂的老军工曾深情撰文道:"杨诚同志非常热爱航空工业,他为创建和发展我国航空工业倾注了大量的心血,付出了辛勤的劳动。特别是在一次并厂、两次支援、两次包建新厂的工作中，杨诚同志所表现出的高风亮节和博大胸怀，满腔热忱的开拓精神，卓越的组织能力和高超的领导水平，至今仍萦绕在我们心中。杨诚同志不愧是航空工业企业领导者的楷模。他为创建和发展我国航空工业中所建树的业绩和贡献，将史册长留。"（杨诚同志已被载入中国航空工业人物志）。

1960年，杨诚因受其妹杨玉华"间谍案件"（这是一件长达12年的冤案，于1983年被彻底平反）的牵连，突然被调离成都航空发动机制造厂，他强忍着无比委屈，依依不舍地离开了为之倾力奋斗了8年，日夜眷恋的中国航空工业。但他没有被压垮，又开始了四川农业机械学院的艰苦创建工作中。

1960年年初，四川省委为贯彻1958年中央政治局成都会议关于农业机械化问题的意见，决定筹建四川农业机械学院，同年6月，杨诚被任命为四川农业机械学院首任副院长，主持全面筹建工作，当时，国家正处在国民经济最困难的时期，经费、物资奇缺，学院选址、师资、教学仪器设备等一切都要从头开始，建院面临重重困难。杨诚以大无畏的气概、艰苦奋斗的延安精神和人民利益高于一切的责任感，带领、团结教职工克服种种难以想见的困难，完成了建院任务。杨诚提倡勤俭建校并始终以身作则带头干。起初，他带领一部分同志寻找建院地址，先后奔波于内江、自贡、宜宾、彭县、邛崃、郫县等8个县市。一次从内江到自贡，因找不到交通工具，只好拦下一辆运煤的拖拉机，等到了目的地，整个人已变得跟煤一样黑了。还有一次到彭县，天正下着雨，他不顾同志们的劝阻，深一脚浅一脚步行十几里去踏勘地址，弄得一身泥水汗水，一个九级的高级干部如此的苦干，大家都深感过意不去，可他却说这比延安时期好多了。经过多次选择与比较，他向省委建议，将校址选择在郫县四川农业机械化农场和郫县四川农业机械化学校（省级中专校）附近。

为了早出人才，他大胆采取了边建校边招生的方针。筹备学院不到 4 个月，1960 年秋就招收了第一批两个专业的学生 300 名，通过他积极奔走，把学生放在重庆的西南农学院"借读"一年。1961 年夏，有了校舍，把借读的学生接回来，当年又招了第二批 300 名新学员。

杨诚办校有明确的指导思想和科学的工作方法。他一开始就提出，办农业机械学院要为农业服务和面向中小型企业，一定要培养学生艰苦奋斗，勤劳肯干的作风。为认真贯彻德、智、体全面发展的教育方针，他组织过全院教职员工大讨论，并结合实际，制定了一系列教学管理制度和加强思想政治工作的规章制度，使全院师生职工工作学习都有章可循。他以身作则，严格要求。每学期工作，开始有部署，期中有检查，期末有总结。他认为"只有这样严格要求，才不会出偏才、废才"。因此，当时的校风、教风和学风都非常好。

杨诚在办学过程中十分重视人才，尊重知识和知识分子，他正确执行"有成分，不唯成分论，重在表现"的政策。不歧视出身不好的知识分子，工作中一视同仁。由于是新创院校，基本上都是青年教师，凡是新分配来的教职工，他都要亲自谈话，介绍学院发展的前景，鼓励他们安心工作，发挥他们的作用。他热情地关心青年教师的成长，采取各种行之有效的措施，例如让他们进修学习，检查他们的提纲、讲稿，帮助他们总结教学经验，帮他们找参考资料，不断提高他们的政治水平和教学水平。对他们的不足和缺点，常常进行推心置腹的谈话，诚恳而耐心的提出意见，使之心悦诚服。由于当时正处在困难时期，大家都吃不饱饭，特别是青年教师，常常都是饥肠辘辘的，因此难免对总路线、大跃进、人民公社（当时称为"三面红旗"）发些牢骚，说些不满意的话。

对此，他总是作些善意的提醒，从不无限上纲，乱扣帽子。

杨诚关心、爱护教师学生和职工，学院老的教职员工和老毕业生们都没齿难忘。大家思想上有苦闷，都爱找杨院长谈谈。他主动关心大家生活，如新来的教师缺被子，他让人送去，住房窄了，一时解决不了，杨院长亲自上门看望，说明情况，教师和家属都能谅解。1962年，上级才给院领导配备了一部旧吉普车。只要是为工作，学院教职工都可以使用。一次，杨诚从成都开会回院，车至中途，遇到学院几人拉着板车送职工进城看病，他主动下车，要司机立即将病人送往成都，自己步行回学院上班。教职工生病，他总要到家里或医院看望，请医生悉心治疗和照顾。这样的事例不胜枚举。他们说："杨院长关心我们工作、思想、生活，已成了他的习惯。他的高尚思想品德，表现出一个老党员对晚辈的关心，真使人感动。"

四川农业机械学院从1960年筹建到1963年年底，院级领导班子较长时期只有杨诚一人主持工作，面对的问题之多，困难之大，是现在一般人难以想象的。但杨诚以党和人民的利益为重，赤胆忠心，艰苦奋斗，身先士卒，起到了一个老革命的模范带头作用。1966年史无前例的"文化大革命"一开始，杨诚受到极大的冲击，"反党"、"特务"等莫须有罪名铺天盖地，杨诚被软禁，限制了人身自由，大会批判，政治上的诬陷，精神上的折磨使他万分痛苦，他最终选择了以死抗争的道路。1966年8月1日，他怀着无比悲愤告别了人间。

杨诚在四川农机学院整整奋战了6年，他是这所学院当之无愧的奠基人。而今，当年只有600名学生的学院已经成长为有30000名学生的西华大学，吃水不忘打井人，学院的老职工和学生们至今仍怀着敬佩和感激之情，缅怀他们的老院长。

1978年8月，中共四川省委为杨诚举行了隆重的追悼会，杨诚一生忠诚于党，忠诚于人民，为革命事业勤勤恳恳，鞠躬尽瘁的事迹重新得到肯定，悼词对杨诚的一生给予极高的评价，"文革"中一切污蔑与不实之词均被推倒。追悼会那天，600 多人自动从各地纷纷赶来为他悼念送行，号啕震天。逝者无言，只把对祖国的忠诚与奉献汇入滚滚的中国历史长河，让我们永远记住他吧！

后　记

甲午一战，清政府战败，日本强占台湾。台湾民众，誓死抵抗，"义不臣倭"，"决心人人战死而失台，决不愿拱手而让台"。日本据台50年，台湾同胞抛头颅，洒热血，前仆后继地反抗50年，牺牲了65万人，绝不屈服。树立了一座座不朽的历史丰碑，塑造了台湾同胞爱乡爱土的群像。

由于本丛书容量有限，难以把台湾同胞50年的抗日英烈事迹全部涵括，我们更期待一本将台胞英烈奋勇抗日的事迹全面收集汇总的书籍能够面世。

本丛书从策划到面世历时3年，在此期间得到了国务院台湾事务办公室新闻局、人民日报海外版、重庆徐康同志等的大力协助和支持，在此一并感谢。同时，台盟中央机关的工作人员不辞辛苦，为本丛书出版付出了辛勤的劳动，他们利用业余时间撰写了诸多文稿，为本丛书的形成作出了重要贡献。感谢台海出版社编辑的辛勤劳动，使本丛书能更规范化，文字更严谨，并最终得以出版。需要特别指出的是，由于我们水平有限，书中引用了海峡两岸的学者著作中部分历史资料，力图"原汁原味"地展现史实原貌，这些历史资料的原作者可按相关规定与台海出版社联系。

在此鸣谢国务院台湾事务办公室新闻局、《人民日报》海外版等的大力协助和支持！

今后，我们将继续挖掘整理台胞抗日的英勇事迹，并编撰出版，展现台湾同胞抵抗日本殖民侵略的爱国赤诚，弘扬台湾同胞爱国爱乡的光荣传统，增进两岸同胞休戚与共的民族认同，为推动两岸和平发展、促进祖国和平统一而积极努力。

是以为记。